现代企业管理基础与实务创新研究

徐天姿　蒋明迪　李华香◎著

中国商业出版社

图书在版编目（CIP）数据

现代企业管理基础与实务创新研究 / 徐天姿，蒋明迪，李华香著． -- 北京 ：中国商业出版社，2024. 7.
ISBN 978-7-5208-2994-6

I. F272

中国国家版本馆 CIP 数据核字第 202437UH60 号

责任编辑：滕　耘

中国商业出版社出版发行

（www.zgsycb.com　100053　北京广安门内报国寺 1 号）

总编室：010-63180647　编辑室：010-83118925

发行部：010-83120835/8286

新华书店经销

济南圣德宝印业有限公司印刷

＊

710 毫米 ×1000 毫米　16 开　11 印张　180 千字

2024 年 7 月第 1 版　2024 年 7 月第 1 次印刷

定价：60.00 元

＊＊＊＊

（如有印装质量问题可更换）

前 言
FOREWORD

随着科学技术的发展、全球经济一体化的快速推进，新观点的碰撞以及理论的创新，市场化竞争日益激烈，带来了知识体系的进一步变革，也给企业的管理活动带来了新的机遇和挑战。现代企业管理应结合国内外经济环境的新变化，吸收管理领域取得的新成果，把握企业管理实践中不断涌现出的新特点和新趋势。

同样，企业的管理模式也需要随着时代的变化而不断进行调整和创新。创新企业管理模式，首先要在管理观念上有所改变，企业管理者要不断地学习和了解成功企业的管理模式，把创新的观念融入日常的管理运营工作中。其次要加强管理体系的建设，构建信息交流平台，为企业内部员工与企业外部消费者提供更多的交流途径，为企业的管理决策提供更多的信息，从而提高企业管理的有效性。

本书围绕现代企业管理基础与实务创新进行探究，内容包括现代企业管理概论、现代企业组织管理与经营管理、现代企业生产管理与质量管理、现代企业管理的创新发展、现代企业人力资源管理的创新发展、现代企业文化管理的创新发展和现代企业管理制度的创新发展，以期更好地推进企业建设和变革创新。

在本书撰写过程中，笔者参阅了大量的文献资料，引用了一些同行的研究成果，因篇幅有限，不能一一列举，在此一并表示最诚挚的感谢。由于现代企业管理基础与实务创新研究涉及的范畴比较广，需要探索的层面比较深，笔者在撰写的过程中难免会存在不足，对一些相关问题的研究不够透彻，恳请前辈、同行以及广大读者斧正。

目 录
CONTENTS

第一章　现代企业管理概论 ………………………………………………… 1

　　第一节　企业与企业管理 ……………………………………………… 1

　　第二节　现代企业管理原理及方法 …………………………………… 11

　　第三节　企业管理基础工作与企业管理现代化 ……………………… 19

第二章　现代企业组织管理与经营管理 ………………………………… 26

　　第一节　现代企业组织管理 …………………………………………… 26

　　第二节　现代企业经营管理及其战略管理 …………………………… 36

　　第三节　现代企业经营决策与经营计划 ……………………………… 43

第三章　现代企业生产管理与质量管理 ………………………………… 53

　　第一节　现代企业生产管理方式 ……………………………………… 53

　　第二节　现代企业生产运作计划 ……………………………………… 59

　　第三节　现代企业质量管理 …………………………………………… 67

第四章　现代企业经济管理的创新发展 ………………………………… 77

　　第一节　现代企业经济管理的创新 …………………………………… 77

　　第二节　现代企业经济管理的创新内容及方式 ……………………… 86

第三节　现代企业经济管理的创新策略 ……………………………… 91

第五章　现代企业人力资源管理的创新发展 ……………………………… 97

第一节　现代企业人力资源管理的角色转变 …………………………… 97

第二节　网络环境下的现代企业人力资源管理系统 ………………… 104

第三节　现代企业人力资源管理的信息化 …………………………… 112

第六章　现代企业文化管理的创新发展 ……………………… 125

第一节　现代企业文化概述 ………………………………… 125

第二节　现代企业文化的构筑与建设 ……………………… 132

第三节　现代企业文化的诊断与重塑 ……………………… 135

第七章　现代企业管理制度的创新发展 …………………………… 144

第一节　现代企业管理制度建设中的问题分析 …………… 144

第二节　现代企业管理制度的创新 ………………………… 150

第三节　现代企业管理制度的内部控制体系研究 ………… 157

参考文献 ……………………………………………………… 166

第一章　现代企业管理概论

第一节　企业与企业管理

一、企业简介

（一）企业的含义

所谓企业，是以营利为目的，为满足社会需要，依法从事商品生产、流通和服务等经济活动，实行自主经营、自负盈亏、自我约束、自我发展的法人实体和市场竞争主体。

企业是社会经济的基本单位，这一概念主要包括以下四个方面的含义。

1. 企业必须是从事生产、流通等经济活动的组织

从事经济活动的组织才有可能成为企业，这样就把企业和其他社会组织，如行政、事业等单位区分开来。为了适应新时代我国社会和经济环境的变化，我国提出了系统地进行经济体制改革的任务，因此，在当前深化企业改革阶段，其中一个重要内容就是要还原企业本色，使企业真正成为专门从事生产、流通和服务等经济活动的组织。

2. 企业既要有盈利，又要承担社会责任

这一含义具体体现在两个方面。一是企业要获取利润。企业如果没有盈利，员工的生活水平就会受到影响，劳动积极性就难以调动起来；企业如果没有盈利，就不能进行扩大再生产，自身就难以得到发展壮大；企业如果没有盈利，将导致国家和地方财政收入的减少，从而使国家和地方经济建设的发展受到影响。因此，企业必须获得合理的利润，以保证企业健康、有序地发展。二是满足社会需要，承担一定的社会责任。企业的生存和发展都离不开社会。现代企业观认为，企业同股东、债权人、员工、顾客、社会居民、政府机关及同行业竞争者等之间都有着非常复杂且密切的相互关系，企业在一定程度上必须满足各种与其相关的社会团体对其提出的各种要求，这样才能得到生存和发展，这就意味着企业在实现自身盈利的同时，还必须承担一定的社会责任。企业的社会责任包括为社会提供就业机会、保护环境、参与社会公益活动等。当然，企业承担的社会责任应当适度，如果承担的社会责任过多，就会影响其经济功能的发挥，盈利能力下降。

3. 企业是现代社会经济的基本单位

在不同的社会形态下，随着生产力水平的发展，社会经济的基本单位是不断变化的。在原始社会，由血缘关系构成的氏族，是当时社会经济的基本单位。到奴隶社会和封建社会，生产力水平虽然有了一定程度的提高，但生产的社会化程度仍然较低，人们基本上过着以家庭为单位的自给自足的生活，所以，当时社会经济活动的基本单位是家庭。随着商品经济的高度发展和机器大工业的出现，社会生产组织方式发生了根本性的变革，产生了专门从事商品生产与流通的企业组织，并很快取代家庭成为社会经济的基本单位。也就是说，企业已成为现代社会经济的基本单位。

4. 企业必须具有法人资格

企业是依法成立，具有民事权利能力和民事行为能力，独立享有民事权利并承担民事义务的组织。它必须拥有自己能够独立支配和管理的财产，有专门的

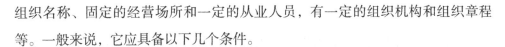

组织名称、固定的经营场所和一定的从业人员，有一定的组织机构和组织章程等。一般来说，它应具备以下几个条件。

（1）必须正式在国家政府有关部门注册备案，完成登记手续。

（2）应有专门的名称、固定的工作地点和组织章程。

（3）拥有必要的财产或经费。

（4）能独立对外开展经营活动。

（二）现代企业的特征

现代企业是现代市场经济社会中代表企业组织的最先进形式和未来发展主流趋势的企业组织形式。所有者与经营者相分离、拥有先进的现代技术、实施现代化的管理，以及企业规模呈扩张化趋势是现代企业的四个显著特征。

1. 所有者与经营者相分离

公司制是现代企业的重要组织形式，而且公司要以特有的方式吸引投资者，使公司所有权呈现多元化和分散化。同时也因公司规模的大型化和管理的复杂化，那种所有权和经营权集于一体的传统管理体制不再适应现代生产经营的需要，因此，出现了所有权与经营权相分离的现代管理体制和管理组织。

2. 拥有先进的现代技术

技术作为生产要素，在企业中起着越来越重要的作用。传统企业中生产要素的集合方式和现代企业中生产要素的集合方式可用如下关系式来概括：

传统企业生产要素 = 场地 + 劳动力 + 资本 + 技术

现代企业生产要素 =（场地 + 劳动力 + 资本）× 技术

在现代企业中，场地、劳动力和资本都要受技术的影响与制约，主要表现为利用现代技术，可以开发出更多的可用资源，并寻找替代资源来解决资源紧缺的问题，雇用具有较高技术水平和熟练程度的劳动者，以及使用较高档的机器设备，从而使劳动生产率获得极大的提高。因此，现代企业一般都拥有先进的现代技术。

3. 实施现代化的管理

现代企业的生产社会化程度空前提高，需要更加精细的劳动分工、更加严密的劳动协作、更加严格的计划控制，形成严密的科学管理。现代企业必须实施现代化管理，以适应现代生产力发展的客观要求，创造最佳的经济效益。

4. 企业规模呈扩张化趋势

现代企业的成长过程，就是企业规模不断扩大、不断扩张的过程。实现规模扩张的方式主要有三种：一是垂直型或纵向型扩张，即收购或合并在生产或销售上有业务联系的企业；二是水平型或横向型扩散，即收购或合并生产同一产品的其他企业；三是混合型扩张，即收购或合并在业务上彼此无很大联系的企业。

（三）现代企业的类型

企业是多种多样的，不同类型的企业具有不同特点，根据不同类型企业所表现出来的特点，合理地组织生产经营活动，可以提高企业的经济效益，因此，有必要从不同的角度对企业进行合理的分类。现代企业的分类方法有很多，下面介绍最常见的几种。

1. 按生产要素所占的比重不同分类

按生产要素所占的比重不同，可以将企业划分为劳动密集型企业、技术（或资金）密集型企业和知识密集型企业。劳动密集型企业主要是指技术装备程度相对较低、用人较多、产品成本中劳动消耗所占比重较大的企业。技术（或资金）密集型企业是指单位产品所需投资多、技术装备现代化程度较高、用人较少的企业。知识密集型企业是指拥有较多中、高级科技专家，综合运用先进科学技术成果的企业。

2. 按企业组织形式的不同分类

按企业组织形式的不同，可以将企业划分为单厂企业、多厂企业和企业集团。单厂企业是由在生产技术上有密切联系的若干生产部门所组成的企业，实行统一经营、统一核算。多厂企业是由两个以上的工厂组成的企业，它是按照专业化、联合化及经济合理化的原则，将相互间有依赖关系的若干分散的工厂组织起来，实行统一经营管理的经济组织。多厂企业的主要形式为企业总部下设若干分

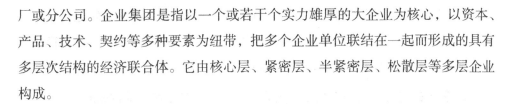

厂或分公司。企业集团是指以一个或若干个实力雄厚的大企业为核心，以资本、产品、技术、契约等多种要素为纽带，把多个企业单位联结在一起而形成的具有多层次结构的经济联合体。它由核心层、紧密层、半紧密层、松散层等多层企业构成。

3. 按企业规模的不同分类

按企业规模的不同，可以将企业分为大型企业、中型企业、小型企业和微型企业。具体划分标准参见《统计上大中小微型企业划分办法（2017）》。

4. 按法律形式的不同分类

按法律形式的不同，可以将企业分为自然人企业和法人企业。自然人企业是指具有民事权利能力和民事行为能力的公民依法投资建立的企业，企业财产属于出资者私人财产的一部分，民事主体是自然人而不是企业。单个业主制企业和合伙制企业是典型的自然人企业。法人企业是指具有法人资格的企业。法人企业的典型形式是公司制企业。

5. 其他

按生产资料所有制性质的不同，可以将企业分为国有企业、集体企业、私营企业、个体企业和"三资"企业等。按企业所属的行业领域的不同，可以将企业分为高科技企业、工业企业、农业企业、商业企业、建筑安装企业、交通运输企业、金融企业、旅游企业、通信企业等。

二、管理简介

管理实践和人类的历史一样悠久。人们在长期的实践中认识了管理的必要性和重要性。所谓管理，就是在特定的环境下对组织所拥有的资源进行有效的计划、组织、领导和控制，以便组织实现既定目标的过程。

（一）管理的含义

1. 管理是服务于组织目标的一项有意识、有目的的活动

管理绝不是漫无目的、无的放矢的活动，而是具有明确的目的性。管理的目

的并不来源和决定于管理机构或人员本身，而是隶属和服务于具有特定使命和目标的组织。管理对任何组织都是不可或缺的，但绝不是独立存在的。如果管理不具有自己的目标，将不能为管理而进行管理，管理是服务于组织目标的。

2. 管理的过程是由一系列相互关联、连续进行的工作活动构成的

这些工作活动包括计划、组织、领导、控制等，它们成为管理的基本职能。

3. 管理工作的有效性要依据效率和效果两个方面来评判

任何组织都要通过综合运用各种资源来实现特定的使命目标。管理的任务就是负责促成组织有效地将其投入的资源转化为向外产出的成果。管理工作的成效好坏、有效性如何，就集中体现在它是否使组织花费最少的资源投入而取得最大的且最合乎需要的成果产出。产出一定、投入最少，或者投入不变、产出最多，甚至投入最少、产出最多，这些都意味着组织具有较为合理的投入产出比，具有比较高的效率。

4. 管理工作是在一定环境条件下开展的，环境既提供了机会，又构成挑战或威胁

这主要指管理工作必须将所服务的组织看作一个开放的系统，它不断地与外部环境发生相互的影响和作用。正视环境的存在，一方面要求组织为创造优良的社会物质环境和文化环境尽其社会责任；另一方面要求管理的理念和方法必须因环境条件的不同而随机应变，没有一种在任何情况下都能奏效的、通用的、万能的管理理念和办法。审时度势、因势利导、灵活应变，对成功的管理至关重要。

（二）管理的性质与职能

1. 管理的性质

管理的性质主要有管理的两重性、管理的科学性和艺术性。

管理的两重性是指管理所具有的合理组织生产力的自然属性和为一定生产关系服务的社会属性。管理是由许多人协作劳动而产生的，它是有效组织共同劳动所必需的，具有同生产力、社会化大生产相联系的自然属性；另外，管理又体现着生产资料所有者指挥劳动、监督劳动的意志，因此，它又有同生产关系、社

会制度相联系的社会属性。正确理解管理的两重性具有十分重要的现实意义。自然属性是管理最根本的属性，它要求管理工作要适应现代化的客观要求，按社会化大生产的客观规律来合理组织生产，采用科学的方法，不断提高管理的现代化水平，这有助于人们及时吸取和借鉴先进的管理经验与管理知识。同时，管理又具有明显的社会属性，任何一种管理方法、管理技术和管理手段的出现总是带有时代的烙印，其有效性往往同生产力水平及社会历史背景相适应。实践证明，不存在任何一个适用于古今中外的普遍管理模式。因此，在学习和运用某些管理理论、原理、技术和手段时，必须结合本国、本地区、本单位、本部门的实际情况，因地制宜，才能取得预期的效果。

管理的科学性首先指成功、有效的管理必须由科学的理论、方法来指导，要遵循管理的基本原理、原则，管理必须科学化。管理由传统走向现代，也就是由经验逐渐走向科学的过程。管理的科学性其次指管理学是一门科学。自资本主义生产方式诞生以来，在管理实践的推动下，管理学形成了自己的系统原理、原则和方法论，它们构成了管理学的基本框架。

管理也具有艺术性。艺术性指的是创造性的方式、方法。管理的艺术性是指一切管理活动都应当具有创造性，在实际的管理活动中，没有一成不变的管理模式。

2. 管理的职能

管理的职能一般包括计划、组织、领导和控制四项职能。

计划职能在企业管理的所有职能中居于首要地位。因为计划职能既为企业确立生产经营活动的目标，又为如何实现这些目标拟订行动方案。管理人员正是在计划的指导下，从事组织、领导和控制等工作，以实现计划确立的企业预期目标的。计划职能是企业生产经营活动取得成功的基础，是现代企业生产经营活动的客观要求，是一项指导性、预测性、科学性和创造性很强的企业管理活动。

组织职能是把组织的各种资源、各个要素、各个环节从劳动分工和协作上，从时间和空间的相互关系上，科学合理地组合起来，形成一个有机整体，从而有效地完成组织计划，实现组织目标。组织职能一般包括设计与建立组织结构，合理分配职权与职责，选拔与配备人员，推进组织的协调与变革等。合理、高效的组织结构是实施管理、实现目标的组织保证。

领导职能是指管理者指挥、激励下级以有效实现组织目标的行为。领导职能一般包括选择正确的领导方式,实施有效沟通,激励下级并调动其积极性,加强管理者修养与领导艺术等。

控制职能是管理者为保证实际工作与目标一致而进行的活动。控制职能一般包括制定控制标准、衡量工作成效、采取有效的纠正偏差的措施等。

三、企业管理与其发展阶段

企业管理是企业生产经营好坏的决定性因素,企业管理过程就是管理的各项职能的实现过程。企业管理是直接影响企业人、财、物诸因素组织得科学不科学,利用得充分不充分的决定因素。流传的"三七开"说法,是指一个企业的成败"三分在技术,七分在管理",这是有一定道理的。因此,必须重视和加强企业管理。

企业管理的形成与发展大体经历了以下三个阶段。

(一)第一阶段:传统管理阶段

1. 传统管理的特点

传统管理也称经验管理,其发展大致是从 18 世纪工业革命开始到 20 世纪初,经历了 100 多年。其主要特点如下。

(1)管理的指导思想是惰性的,认为工人总是偷懒的,必须进行强制性的管理。

(2)管理的方式是家长式的、独断专行的、专制式的。

(3)管理的依据是个人的经验和感觉,不是靠数据而是靠记忆、靠主观判断来进行管理。没有唯一的计划和管理办法,管理工作的好坏完全取决于管理人员的经验。

(4)对工人和管理人员的培养,多是靠师父带徒弟的办法,没有统一的标准和要求。

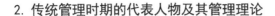

2. 传统管理时期的代表人物及其管理理论

传统管理时期对管理理论作出贡献的有英国经济学家亚当·斯密。他在1776 年发表了《国民财富的性质和原因的研究》（也称《国富论》）一书，系统地阐述了劳动价值理论及劳动分工理论。亚当·斯密认为，劳动是国民财富的源泉，各国人民每年消费的一切生活日用必需品的源泉是本国人民每年的劳动。这些日用必需品供应情况的好坏，取决于两个因素：一是这个国家的人民的劳动熟练程度、劳动技巧和判断力的高低；二是从事有用劳动的人数和从事无用劳动人数的比例。他还提出，劳动创造的价值是工资和利润的源泉，并经过分析提出了工资越低利润就越高，工资越高利润就会越低的结论。这揭示了资本主义经营管理的本质。亚当·斯密在分析增进"劳动生产力"的因素时，强调了分工的作用。他对比了一些工艺和手工制造业实行分工前后的变化，说明分工可以提高劳动生产率。劳动分工可以使工人重复完成单项操作，提高劳动熟练程度；劳动分工可以使劳动简化，使劳动者的注意力集中在一种特定的对象上，有利于打造新工具和改进设备。劳动分工理论，不仅符合当时生产发展的需要，而且成为以后企业管理理论中一条重要原理。

（二）第二阶段：科学管理阶段

1. 科学管理的特点

科学管理大致是从 20 世纪初到 20 世纪 40 年代，经历了大约半个世纪。所谓科学管理，是指符合客观规律的管理，是指按照社会化大生产的特点和规律进行管理。其具体特点如下。

（1）为了满足社会需要而生产优质产品。

（2）在生产活动中不断采用新的科学技术，依靠科学技术发展生产。

（3）保持生产过程的连续性和比例性。

（4）在生产经营活动中，要求职工必须具有高度的组织性和纪律性。

（5）实行集体统一领导和指挥，按照计划进行生产经营活动。

2. 科学管理时期的代表人物及其管理理论

科学管理理论主要是指以泰勒为代表的科学管理理论、以法约尔为代表的管理过程理论和以马克斯·韦伯为代表的理想行政组织理论。

（三）第三阶段：现代管理阶段

1. 现代管理的特点

现代管理大致是从 20 世纪 40 年代开始直到现在。现代管理与"科学管理"相比，具有以下几个显著特点。

（1）突出了经营决策，提出了"管理的重点在经营，经营的重点在决策"。

（2）广泛运用现代管理工具和现代科学技术。如将计算机、运筹学、价值工程、网络技术等应用于生产经营管理，极大地提高了管理效率和管理水平。

（3）实行以人为中心的管理。提出了以尊重人为号召，以激励人为手段，凝聚人心，鼓舞士气，对职工进行智力开发投资，对职工实行终身教育。

（4）实行系统管理。把系统论、控制论原理引进企业管理中，把整个企业看作一个动态开放的系统。应用系统工程原理从系统最优化观念出发进行经营决策。

2. 现代管理学派及其管理理论

（1）管理过程学派。该学派的代表人物是美国的哈罗德·孔茨和西里尔·奥唐奈。管理过程学派强调对管理过程和职能进行研究。其基本研究方法是：首先把管理人员的工作划分为管理的职能；其次对管理职能逐项进行研究，从丰富多彩的管理实践中总结管理的基本规律，以便详细分析这些管理职能。他们认为，从实践中概括出的管理规律对认识和改进管理工作能发挥说明与启示作用。

（2）经验主义学派。该学派的代表人物是美国的彼得·德鲁克，其代表作是《有效的管理者》。经验主义学派认为，有关企业管理的科学应该从企业管理的实际出发，以大企业的管理经验为主要研究对象，以便在一定的情况下把这些经验加以概括和理论化。他们认为，成功的组织管理者的经验是最值得借鉴的。因此，经验主义学派重点分析许多组织管理人员的经验，然后加以概括，找出成功经验中具有共性的东西，使其系统化、理论化，并据此向管理人员提供实际的建议。

（3）社会系统学派。该学派的代表人物是美国的巴纳德。他的主要观点集中表现在其所著的《经理的职能》一书中，巴纳德被誉为"现代管理理论之父"。

巴纳德的基本观点可以概括为以下四点。一是提出了社会的各种组织都是一个协作系统的观点。二是分析了正式组织的三个基本要素，即成员的协作意愿、组织的共同目标和组织内的信息交流。三是提出了权威接受理论，认为权威的存在必须以下级的接受为前提。四是对经理的职能进行了新的概括，认为经理的主要职责是建立和维持一个信息交流系统、得到必要的个人努力、规定组织目标等。

（4）决策理论学派。该学派的代表人物是美国的西蒙和马奇。他们的代表作主要是《组织》和《管理决策新科学》。西蒙以其对决策理论的重大贡献而荣获 1978 年诺贝尔经济学奖。决策理论学派的主要观点可总结为以下几项。一是强调了决策的重要性。二是分析了决策过程中的组织影响，即发挥组织在决策过程中的作用。三是提出了决策的准则。只有"令人满意"的标准，才是合理、更可行的准则，而并非最优化。四是分析了决策中的"组织"作用。他们认为，决策应尽可能地提出可行的替代方案，预测这些方案可能出现的结果，并根据一定的价值体系对这些结果作出全面比较。五是归纳了决策的类型和过程。根据决策所给的条件不同，他们把决策分为程序化决策和非程序化决策两类。

（5）系统管理学派。该学派的代表人物是美国的卡斯特和罗森茨韦克。《系统理论和管理》《组织与管理：系统方法与权变方法》是他们的代表作。其主要贡献包括：一是把管理组织视作一个开放系统；二是对组织的运行进行了系统分析，他们把组织看成一个复杂的"投入 — 产出"系统，在这个系统中，各种资源依次经过一定的流程，达到组织设计的目标。

第二节　现代企业管理原理及方法

一、现代企业管理原理

原理是指某种客观事物的实质及运动的基本规律。管理原理是对管理工作的实质内容进行科学分析和总结而形成的基本规律，是对各项管理制度和管理方法的高度综合与概括，因而对一切管理活动具有普遍的指导意义。现代企业管理原理主要有人本原理、系统原理、效益原理、权变原理。

（一）人本原理

1. 人本原理的含义和基本内容

人本原理是指在管理过程中要树立以人为中心的观念，有效地调动人的积极性、智慧和创造力，为管理系统的高效运作和功能的优化提供动力基础与保证。人本原理是关于企业管理核心的原理。企业是以人为主体组成的，企业竞争的活力和发展的潜力来自人。企业是为满足人的需要而开展生产经营活动的，因此，以人为本、以人为中心，是一切管理活动的出发点和落脚点。人本原理的基本内容如下。

（1）以人为本、以人为中心的管理观念。企业是为满足自身需要与市场需要，以人为主体构成的组织。在市场经济条件下，企业之间的竞争归根结底是人的竞争。企业主体劳动者的积极性、智慧和创造力是企业活力的根本源泉。因此，企业管理必须以人为本，以人作为全部管理工作的中心。

（2）以企业文化为主体的管理模式。企业文化是一个企业从上到下所共有的，属于统治地位，并包含独特的价值观念、行为准则、传统习惯和作风。它对凝聚企业职工的意志，规范和引导职工的行为，从根本上调动职工的积极性以及做好企业管理，具有重要意义。

（3）管理模式中理性化与非理性化的统一。企业管理的核心是人，而人的本性绝非纯理性的，感性和心理因素的比重不容忽视。

2. 人本原理的应用

（1）树立为人服务的宗旨。既要为用户服务，又要为员工、群众服务。

（2）建立起以人为中心的双向管理模式。即从"命令—服务"的单向管理模式转向"目标—参与"的双向管理模式，把管理的重心由物转向人，并逐步建立起一整套的激励职工积极性和创造性的动力机制。

（3）注重企业文化的塑造，构建严格的管理理念。企业文化的核心是积淀于企业及其职工心灵中的意识形态，如理想、信念、道德规范、价值取向和行为准则等。

（4）加强和完善企业的民主管理，让员工有更多的机会参与管理。要使员工在参与管理的过程中实现自身的价值，并有成就感。

（5）重视人力资源的开发。要重点抓好企业员工从招聘、使用、评价到培养和激励等全过程的开发，为人才成长创造良好的环境。要不断地提高企业员工的整体素质，充分挖掘员工的潜力。

（二）系统原理

1. 系统原理的含义及特征

系统原理是关于企业管理整体的原理。运用系统理论对管理工作进行研究，以达到现代化管理的优化目标，这就是管理的系统原理。

系统是指由若干相互联系、相互作用的部分组成，在一定环境中运行并具有特定功能的有机整体。除了自然系统外，凡是经人工改造或由人工创造的系统都称为社会人工系统。企业管理就是一个社会人工系统，具有以下特征。

（1）目的性。系统都具有某种特定的目的，为了实现这个目的而具有特定的结构和功能。

（2）整体性。系统不是各个要素的简单集合，而是各个要素按照同一目的，依据一定规则行动的集合体。它要以整体的观念来协调要素间的联系，使系统的功能达到最优。

（3）层次性。系统都是由组成系统的子系统构成的，这些子系统又由比它更下一层的子系统构成。最下层的子系统是由组成该系统的基础单位的各个部分组成的。

（4）环境适应性。系统不是孤立存在的，它要与周围事物发生各种联系。这些与系统发生联系的周围事物的主体，就是系统的环境，环境也是一个更高级的大系统，如果系统与环境进行物质、能量和信息的交流，能够保持最佳适应状态，则说明这是一个有活力的理想系统。否则，一个不能适应环境的系统则是无生命力的。

系统对环境的适应性并不都是被动的，也有能动的，即改善环境。环境可以施加作用和影响于系统，系统也可施加作用和影响于环境。这种能动地适应和改造环境的可能性，受到一定时期人类掌握科学技术（包括组织管理的知识）的约束。

2. 系统原理的应用

系统的目的性说明每个系统都具有特定的目的，并根据系统的目的和功能建立系统的结构。因此，企业要依据企业的目的和功能，建立组织结构。要根据企业所生产产品的结构、工艺特点、生产规模等参数来确定企业的生产单位。不同类型的企业，其管理机构和生产经营单位是不同的。

系统的整体性要求从事各项管理工作都要有整体观念，即从全局出发来考虑问题。系统功能不等于要素功能的简单相加，而是整体大于各部分功能的总和。因此，在管理活动中，要以整体为主进行协调，局部服从整体，使整体效果最优。

系统的层次性要求各层次的子系统必须职责分明、各司其职，具有各层次功能的相对独立性和有效性。要正确处理好上下管理层次间的纵向关系和同一管理层次之间的横向关系，要分清层次、明确职责，避免越级指挥。

系统的适应性要求各子系统必须依附于比它更大的系统，要适应大系统的变化。企业作为人造的开放系统，要想在激烈的市场竞争中求得生存和发展，必须主动面向市场，面向用户。只有企业的产品或服务得到了消费者的认可，企业才能不断发展壮大。

（三）效益原理

1. 效益原理

效益原理是关于企业管理目的的原理。按照市场经济的要求，企业要谋求利润最大化，不断提高竞争能力，就必须以获得经济效益为主要目的。因此，企业生产经营活动的目的就是千方百计地提高企业的经济效益。企业要通过加强管理工作，做到以尽量少的劳动消耗和资金占用，生产尽可能多的符合需要的产品，不断提高经济效益，这就是管理的效益原理。

由公式"效益＝有效产出÷投入"可知企业的效益有三种情况。

（1）有效产出小于投入，即效益小于1。此时，企业的经营状态长期处于亏

损，又无力扭转，企业系统的运行将要终止。

（2）有效产出等于投入，即效益等于1。此时，企业处于盈亏平衡状态，如果企业外部环境和内部条件没有大的变化，经营管理做得好些，企业还可以维持简单再生产。

（3）有效产出大于投入，即效益大于1。此时处于良好的经营状态，企业可以扩大再生产和提高员工的物质生活水平。

2. 效益原理的应用

（1）建立经济效益的保证体系。运用系统的观念和方法，根据提高经济效益的要求，从企业整体出发，把各部门、各环节结合起来，规定各自在提高经济效益方面的具体职责、任务和权限，从而建立起协调管理系统。

（2）加强企业管理的基础工作。做到基础工作中每一项都能节约活劳动和物化劳动的消耗，减少投入，增加有效产出。

（3）注意企业整体素质的提高。由于科学技术的迅速发展，企业之间的竞争日趋激烈，为使其产品和服务能符合市场的需要，获取盈利，就必须不断地从整体上提高企业素质，增强企业的竞争实力。

（4）推行各种现代管理方法。例如，价值工程、网络计划技术、量本利分析等各种现代化管理方法的运用，都可以促进企业经济效益的提高。

（5）用指标评价经济效益。评价指标主要有三类：一是产出类，包括产品的品种、质量、销量、产值、利税等指标；二是投入类，包括单位产品成本、原材料消耗、能源消耗等指标；三是综合效益类，包括资金利税率、人均净产值、流动资金周转率、产品适销率、可比产品成本降低率等指标。

（四）权变原理

1. 权变原理的含义和基本内容

所谓权变原理，是指为适应环境的变化而选择相应的管理模式和管理方法。权变原理的基本内容如下。

（1）世界上不存在永恒不变且理想的管理模式。企业的情况以及它们所处的环境是多种多样且变化的，要找到一种适应各种类型企业的万能管理模式是不可能的，因此，管理模式的选择必须立足于"权变"。

（2）权变原理着重研究环境对管理行为的影响，它指明有效的管理依环境变化而异，企业存在于一定的社会环境中，企业与环境是相互依存的关系。环境制约着企业的生存与发展，企业也影响着环境。因此，企业要适应环境变化就要相应地改变管理。

（3）在企业内部，权变原理着重研究权变因素对管理行为的影响，指明在不同的权变因素搭配下，应采取不同的管理模式，即应根据不同的工作、不同的条件、不同的人员，采取不同的组织结构和管理方法。有效的管理者是那些适合群体环境并能与之紧密配合的人。

（4）权变原理强调管理必须与实践相结合，要求管理的各种活动要服从企业内部和外部环境的要求。

2. 权变原理的应用

权变原理在企业管理中的应用，要把握好以下几个方面。

（1）注意分析权变因素对管理的影响，因地制宜地设计或选择适当的管理模式。在企业管理中，影响管理模式选择的权变因素有很多，如外部环境的复杂性、多变性和不可预测性，企业任务的多样性和规范性，企业员工的素质，管理人员的能力和经验等。因此，要结合企业自身的实际，选择合适的管理模式。

（2）保持管理职能的适度弹性。为了保持企业生产经营活动的正常进行，计划、组织、控制等管理职能都必须相对稳定。但为了适应企业内部和外部环境的变化，也必须保持适度的弹性。例如，计划要有严肃性，不能朝令夕改，但也要有备选方案，保持适度的可塑性。

（3）保持经营管理策略的高度灵活性。为适应复杂多变的管理对象和环境，企业在经营方向和经营方式上要考虑多种形式。同时，在领导方式上，要根据任务性质、上下级关系、被领导者的素质等，采取灵活多样的方式。在调动职工的积极性上，要根据职工的思想觉悟和实际需要，采用恰当的手段和方法。

（4）注重提高企业管理人员的能力和技巧。企业管理人员既要注重企业管理新理论和新技巧的学习，理论结合实际，大胆创新，又要注重通过实践提高自身的能力和素质；既要认真总结和学习我国企业管理的成功经验，又要不断吸收与借鉴国外企业管理相关的经验和技巧。

（5）增强改革和创新观念。为了适应市场经济的要求，企业管理人员要不断提高自身的素质，与时俱进，不断增强改革和创新观念。

二、现代企业管理方法

管理方法是在管理活动中为实现管理目标，保证管理活动顺利进行所采取的工作方式。管理原理必须通过管理方法才能在管理实践中发挥作用。管理方法是管理原理的自然延伸和具体化，是管理原理指导管理活动的中介和桥梁，是实现管理目标的途径和手段。管理方法一般可分为法律方法、行政方法、经济方法、教育方法和数学方法。

（一）法律方法

法律方法是指国家根据广大人民群众的根本利益，通过各种法律、法令、条例和司法、仲裁工作，调整社会经济的总体活动和各企业、单位在微观活动中所发生的各种关系，以保证和促进社会经济发展的管理方法。法律方法的主要形式有国家的法律、法规，企业内部的规章制度、司法和仲裁等。

法律方法的实质是实现全体人民的意志，并维护他们的根本利益，代表他们对社会经济、政治、文化活动实行强制性的、统一的管理。法律方法具有严肃性、规范性、强制性的特点，法律方法适宜于处理共性的一般问题，便于集权与统一领导，权利与义务分明，同时还能自动调节。但法律方法缺少灵活性和弹性，不便处理特殊问题和及时处理管理中出现的新问题。

（二）行政方法

行政方法是指依靠行政组织的权威，运用命令、规定、指示条例等行政手段，按照行政系统和层次，以权威和服从为前提，直接指挥下属工作的管理方法。

行政方法实质上是通过行政组织中的职务和职位来进行管理的。它强调职责、职权、职位，而并非个人的能力或特权。行政方法具有权威性、强制性、垂直性、具体性、无偿性等特点。企业所有成员对上级所采用的行政手段，都必须服从和执行。行政方法是管理企业必不可少的方法，是执行管理职能的一种重要手段。

行政方法有助于管理职能的发挥，是实现各种管理方法的必要手段，能处理特殊问题，灵活性强。但行政方法的管理效果受企业领导者管理水平的影响，不便于分权，不利于子系统发挥积极性，容易使一些领导者过分迷信行政方法的力量，从而助长某些领导者产生独断专行的行为。

（三）经济方法

经济方法是根据客观经济规律，运用各种经济手段，调节各种不同经济利益之间的关系，以获得较多的经济效益与社会效益的管理方法。这里说的各种经济手段，主要包括价格、税收、信贷、工资、利润、资金、罚款以及经济合同等。

经济方法的实质是围绕物质利益，运用各种经济手段正确处理好国家、集体与劳动者个人三者之间的经济关系，最大限度地调动各方面的积极性、主动性、创造性和责任感，促进经济的发展和社会的进步。经济方法具有利益性、普遍性、灵活性、平等性的特点。

经济方法易于被管理对象接受，能充分调动各级机构和人员的积极性，但也容易产生讨价还价的现象，易于诱发拜金主义思想。因此，既要注意将经济方法与教育方法等其他方法有机地结合起来运用，又要注意经济方法的不断完善。

（四）教育方法

管理的人本原理认为，管理活动中人的因素占第一位，管理最重要的任务是提高人的素质，充分调动人的积极性、创造性。而人的素质是在社会实践和教育中逐步发展并成熟起来的。教育方法是指对职工进行思想政治教育和文化科学技术知识教育，提高企业职工素质，开发企业职工潜能的一系列有组织的活动。

教育方法的主要内容有人生观及道德教育，爱国主义和集体主义教育，民主、法制、纪律教育，科学文化教育，组织文化建设等。教育方法的根本任务是适应和满足社会主义建设事业的需要，培养出有理想、有道德、有文化、有纪律

的劳动者，提高人的思想道德素质和科学文化素质。

（五）数学方法

数学方法是指对企业生产经营活动，用科学的理论及数学模型或系统模型来寻求优化方案的定量分析方法。数学方法能使企业管理进一步定量化、合理化、精密化。

企业管理常用的数学模型主要有盈亏平衡点模型、线性规划模型、存储模型、网络模型、排队模型、模拟模型等。

数学方法在企业管理中具有非常重要的作用，但由于人的因素难以用数学模型来描述，以及企业生产经营活动的复杂多变，数学方法也有其局限性，只有各种方法综合运用，相互补充，才能更好地发挥每一种方法的作用。

第三节　企业管理基础工作与企业管理现代化

一、企业管理基础工作

（一）企业管理基础工作的概念和作用

企业管理基础工作是指企业在生产经营活动中，为实现企业经营目标和各项管理职能而进行的提供资料依据、共同准则、基本手段和前提条件的工作。一般包括标准化的工作、定额工作、计量工作、信息工作、价格制定、规章制度制定、员工教育和培训、现场管理工作等。

企业管理基础工作的作用主要包括以下几个方面。

1. 企业管理过程就是管理各项职能的实现过程

离开了企业管理基础工作为企业的生产经营活动提供的数据、信息和资料，以及管理的计划、组织、领导，控制职能便无法实现。

2. 企业管理过程就是决策的制定和实施过程

离开了管理基础工作，企业的管理者、领导者便失去及时、准确、可靠的信息来源，决策便失去了科学的依据。

3. 企业管理过程就是信息联系与沟通的过程

信息联系与沟通是企业达到目标统一、行动一致的主要途径，是正确地组织人力、物力、财力，有效地实现企业经营目标，并激励和调动员工积极性的重要手段，这一过程也离不开管理的基础工作。

（二）企业管理基础工作的特点

1. 科学性

企业管理基础工作体现和反映了企业生产经营活动的客观规律，是一项科学性较强的工作。科学性体现在企业定额的制定、执行和管理中；体现在计量的检测手段和测试，信息的收集、整理、传送和储存的全过程；体现在规章制度、员工教育和培训与现场管理的各个方面。

2. 先行性

管理基础工作一般要走在各项专业管理之前，为专业管理提供资料、准则、手段和前提条件，保证企业的经营决策和各项管理能够实现最佳的经济效益。

3. 群众性

企业管理基础工作涉及面广、工作量大，其制定、执行、管理离不开员工的参与，且要落实到基层。大量的管理基础工作需要依靠全体员工来做，并要持之以恒，因此是一项群众性很强的工作。

4. 先进性

管理基础工作的各项标准和定额的制定要先进、合理。因为，只有先进、合理的标准和定额，才能被群众所接受，进而调动群众的积极性，充分发挥其在管理中的作用，才能有先进的管理水平。为了保持先进性和合理性，企业要随着生产技术和组织管理水平的不断提高，对这些标准和定额进行定期或不定期的修订。

5. 经常性

企业管理基础工作的经常性表现为：有些基础工作要每天甚至实时去做，如信息工作、统计工作等。所有的基础工作天天都在参与企业的生产经营活动，并起指导作用，同时，它们的实践情况随时都要通过各种渠道反馈到相关部门，为管理人员决策提供依据。

6. 适应性

企业管理的基础工作建立后，不能朝令夕改，要保持相对的稳定性。但又不是一成不变的，要随着企业各项专业管理的变化而变化，随着企业生产技术组织条件的变化而进行修改，以适应实际的需要，这是由基础工作的服务性所决定的。

（三）企业管理基础工作的内容

不同行业、不同生产特点的企业，其管理基础工作的具体内容和表现形式各不相同，但就其共同性来看，主要内容包括标准化工作、定额工作、计量工作、信息工作、规章制度制定、员工教育和培训、现场管理等。随着科学技术的进步和生产方式的变革，上述基础工作会不断补充新的内容，其结构也会发生变化。

1. 标准化工作

标准是为获得企业管理最佳秩序和社会效益，依据科学技术和实践经验的综合成果，在充分协商的基础上，对经济技术和管理活动中具有多样性、相关性特征的重复性事务，以特定程序和特定形式颁发的统一规定。标准化是以制定标准和贯彻标准为主要内容的全部活动过程。企业的标准化工作是指企业制定和执行各种技术标准与管理标准的工作。它是企业管理中一项涉及技术、经济、管理等方面的综合性基础工作。

技术标准是企业标准的主体，是对生产对象、生产条件、生产方法等规定的标准，主要有产品标准、工艺标准、工艺装备标准、材料标准、基础标准、安全与环保标准等。管理标准是对企业中重复性的管理工作的任务、程序、内容、方法、要求及考核奖惩办法所做的统一规定。管理标准主要有技术管理标准、生产组织标准、经济管理标准、业务管理标准、工作管理标准等。

2. 定额工作

定额是企业在一定的生产技术组织条件下对人力、物力、财力消耗、占用以及利用程度所应达到的数量界限。定额工作就是企业各类技术经济定额的制定、执行和管理工作，是进行科学管理、组织社会化大生产的必要手段，是实行企业内部计划管理的基础，是开展劳动竞赛、贯彻按劳分配、提高劳动生产率的杠杆，是推行内部经济责任制，开展全面经济核算的工具。

3. 计量工作

计量工作是指计量检定、测试、化验分析等方面的计量技术和管理工作。它用科学的方法和手段，对生产经营活动的量和质的数值进行测定，为企业的生产、科学试验、经营管理提供准确数据。

4. 信息工作

信息工作是指企业进行生产经营活动和进行决策、计划、控制所必需的资料数据的收集、处理、传递、储存等管理工作。信息是一种重要的资源，没有信息就无法进行管理。准确而及时的信息，是企业进行决策的依据，是对企业生产经营活动进行有效控制的工具，是沟通组织有效活动的重要手段。因此，企业必须做好信息工作。

5. 规章制度制定

规章制度是为了保证企业生产经管活动正常进行，对各项管理工作和劳动操作的要求所做的规定，是全体职工行动的规范和准则。作为企业管理基础工作，企业规章制度主要是指专业管理制度和岗位责任制。专业管理制度是为了保证生产、技术、经营活动正常进行，对企业各项专业管理工作的内容、程序、方法和要求所做的规定。岗位责任制是对企业内部各级组织、各类人员所承担的工作任务、应负的责任和工作中拥有的权力的规定。

专业管理制度和岗位责任制是紧密相连的。专业管理制度的具体内容要分解到有关的岗位责任制中，而岗位责任制又是落实各种专业制度的基础。有岗位责任制，而无专业管理制度，岗位责任制就无所遵循；只有专业管理制度，而无

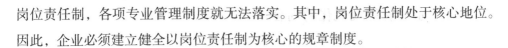

岗位责任制，各项专业管理制度就无法落实。其中，岗位责任制处于核心地位。因此，企业必须建立健全以岗位责任制为核心的规章制度。

6. 员工教育和培训

员工教育是指企业全体员工都要接受的基础教育，包括入职教育、企业规章制度教育、基本工作制度教育、管理基本知识教育、安全生产教育和思想政治教育等。它是适应科学技术发展、增强企业竞争实力的需要，也是提高劳动生产率和经济效益的可靠保证。员工教育可以采取在职教育、半脱产教育和脱产教育等各种形式。

员工培训，一般是指对本企业经营需要的特殊人才的继续教育。例如，本企业高级管理人才的培训、各级各类专业技术岗位的资格证书培训、特殊生产岗位的操作证书培训等。这类培训一般由经政府机构认可的具有培训资格的培训机构和高等教育院校集中进行，并通过考试考核，由政府或政府认可的机构颁发正式的资格证书。

二、企业管理现代化

（一）企业管理现代化的含义

企业管理现代化是指为适应现代化生产力发展的客观要求，按照社会主义市场经济规律，积极使用现代经营的思想、组织、方法和手段，对企业生产经营进行有效的管理，使之达到或接近国际先进水平，创造最佳经济效益的过程。企业管理现代化是一个综合、系统的过程，它要求把自然科学和社会科学的最新成果应用到管理中去，使企业管理适应生产力和生产关系发展变化的要求，推动社会生产的进步。

企业管理现代化是现代生产技术的要求，是我国经济体制改革的一项重要内容，是提高企业经济效益的有效途径。在经济全球化的发展中，我国要适应国际市场的激烈竞争和各类新兴技术快速发展的严峻挑战，就必须在积极推进技术进步的同时，狠下功夫，推进企业管理现代化。

（二）企业管理现代化的内容

1. 管理思想现代化

管理思想现代化是企业管理现代化的灵魂。管理思想现代化就是要求企业在思想观念上进行变革，以适应现代化大生产、现代化技术和现代经济发展的要求。企业管理人员特别是企业领导者，要彻底摆脱落后的生产观念和思维定式的影响，树立起以提高经济效益为中心的思想理念。按社会主义市场经济的客观要求，管理者要树立起市场观念、竞争观念、用户观念、创新观念、效益观念、人才观念、民主管理观念、系统管理观念、时间和信息观念。

2. 管理组织现代化

管理组织现代化就是要根据企业的具体情况，从提高企业生产经营效率出发，按照职责分工明确、指挥灵活统一、信息灵敏畅通、精简高效的要求，合理设置组织机构、配置人员，并建立健全以经济责任制为中心的科学的、严格的规章制度，充分调动员工的积极性、主动性和创造性，保证生产经营的良好秩序。

3. 管理方法现代化

管理方法现代化是指在管理方法上运用科学研究的新成果对管理中的问题进行科学分析，在总结和继承传统的行之有效的管理经验与方法的基础上，积极推行现代化管理方法在企业管理中的应用。现代化管理方法是现代科学技术成果，包括自然科学和社会科学的某些成果在管理上的应用。现代管理方法的内容十分广泛，如目标管理、市场预测、价值工程、网络计划技术、量本利分析、线性规划等。企业在推行现代化管理方法时，必须根据自身的条件，注重实用、效能的原则，有选择、有分析地采用，切忌违背客观实际，盲目求全求新，追求形式主义。同时，要注意在管理实践中，创造和总结新的管理方法。

4. 管理手段现代化

管理手段现代化是指在企业管理的各个方面，广泛积极地采用包括计算机以及经济、行政和法律在内的一切管理手段。管理手段现代化要根据企业的实际情况，逐步应用和推广。从"硬手段"方面来看，应用计算机建立企业管理信息系统，建立国内外信息网络系统，应用计算机、电子设备对生产过程、供应和销

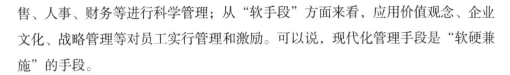

售、人事、财务等进行科学管理；从"软手段"方面来看，应用价值观念、企业文化、战略管理等对员工实行管理和激励。可以说，现代化管理手段是"软硬兼施"的手段。

5. 管理人才现代化

企业管理现代化的关键是实现管理人才现代化。没有大批具有现代化管理知识、丰富的实践经验、头脑敏锐、视野开阔、善于吸收国内外先进科学技术成果和管理经验的开拓型人才，就不可能真正实现企业管理现代化。企业管理人才现代化包括管理人才的结构、知识、观念、素质、培训和开发。

企业管理现代化是一个系统的、整体的概念，管理现代化五个方面的内容存在着一定的内在联系，管理思想现代化是灵魂，管理组织现代化是保证，管理方法现代化是基础，管理手段现代化是工具，管理人才现代化是关键。要从系统的观念出发，不能孤立地看某一方面，要从整体上去把握，否则，就不可能真正实现企业管理现代化。

第二章 现代企业组织管理与经营管理

第一节 现代企业组织管理

一、现代企业组织管理概述

（一）企业管理组织

组织是人们为了实现某一特定的目的而形成的系统集合。它有一个特定的目的，由一群人所组成，有一个系统化的结构。组织必须有自己的目标，为了实现组织的目标，组织内部必然要进行分工与协作，没有分工与协作的群体不是组织，分工与协作关系是由组织目标决定的。

企业组织是为有效地向社会提供产品或劳务，将企业的各种资源按照一定形式结合起来的社会系统。现代企业组织具有目的性、系统性、结构性、群体性、适应性等基本特征。企业组织分为两大方面：一是由职工和生产资料紧密结合而形成的企业生产劳动组织；二是配备一定数量和能力的管理人员，按分工协作的关系划分，有明确职责、权限和义务的企业管理组织。管理组织通过其整体性的活动和信息传导，决定和影响企业生产劳动组织配置的合理性和效率。管理组织既要对直接生产过程进行计划、组织、领导、控制，又要对企业生产经营过程中出现的一系列问题负责。

管理组织主要是由管理人员、规章制度和企业信息等要素构成。其工作内容主要是组织机构的设计、组织规章制度的建立和组织人事工作等。

（二）企业管理组织的作用

1. 确定企业的生产经营目标

对企业经营目标和经营战略作出决策并加以贯彻落实，是管理组织的重要职能之一。作出决策和制定目标，领导者个人的才智、能力和知识对组织整体固然有十分重要的影响力，但是只有与组织的力量和集体的智慧融合在一起才能充分发挥其龙头作用。

2. 组织生产经营，实现企业目标

企业只有不断地对各种物质资源、劳动力、资金和信息作出适当安排和合理配置，才能形成持续发展的生产力，实现企业的经营目标。

3. 协调各职能部门的工作

企业的人、财、物等各要素和供、产、销各环节均在各管理部门与生产部门之间，经常会出现各种脱节和不平衡的情形，组织管理的职能就是要发现和解决这种脱节和失衡的问题，使生产经营活动均衡发展，保持良性循环状态。

4. 发挥组织的凝聚作用和群体效应

管理组织通过一定的组织制度和激励措施能够将分散的个体的企业员工凝聚成一个强大的整体，充分发挥团队的优势与合力，使企业员工紧紧围绕企业的总目标而开展活动，产生巨大的群体效应，促进企业不断发展。

（三）企业组织设计的原则

组织所处的环境、采取的技术、制定的战略、发展的规模不同，所需的职务和部门及其相互关系也不同，但任何组织在进行机构和结构的设计时，都需要遵守一些共同的原则。

1. 分工协作原则

组织内部有分工就必须有协作，若只有分工没有协作，分工就失去意义，而没有分工就谈不上协作。分工与协作之间是相辅相成的，在企业组织设计时必须遵循分工协作原则。

2. 精干高效原则

精干高效就是在保证完成目标、达到高效和高质量的前提下，力求减少管理层次，精简机构和精减人员，充分发挥组织的积极性和创造性，提高管理效率和工作效率，节约非生产性开支。

3. 集权与分权相结合原则

集权与分权是一组相对的概念，集权形式就是将企业经营管理权集中在企业的最高管理层，而分权形式则是将企业经营管理权适当地分散在企业的中下层。集权是社会化大生产保持统一性与协调性的内在需要，但是，集权又有弹性差、适应性弱等致命的弱点，特别是在社会化大生产的复杂性和多样性面前，无弹性的集权甚至可能造成企业的僵化与"窒息"，因此，必须实行局部管理权力的分散。企业在进行组织设计和调整时，应根据实际情况，正确处理集权与分权的关系。

4. 稳定性与适应性相结合的原则

为了保证企业生产经营活动的有序进行并提高效率，企业组织机构设计首先应保持一定的稳定性，即保持相对稳定的组织机构权责关系和规章制度。同时，环境条件的变化必然会影响企业的目标以及企业成员的态度，企业组织机构必须针对这些条件做适应性调整。但是，企业组织机构过于频繁地调整，也会对企业产生不利的影响。因此，企业组织设计要遵循稳定性与适应性相结合的原则。

（四）企业组织结构的类型

企业组织结构的类型主要有以下几种。

1. 直线制

在直线制关系中，由于低层级的主管是受高层级主管的委托来进行工作的，因此，必须接受他的指挥和管理。直线制关系是一种命令关系，是上级指挥下级的关系，这种命令关系自上而下，从组织的最高层，经过中间层，一直延伸到基层，形成一种等级链。直线制组织的优点是机构简单，权力集中，指挥统一，决定迅速，工作效率高，责任明确；缺点是它要求行政负责人通晓多种专业知识及技能，能够亲自处理各种事务。这种组织结构一般只适用于规模较小、生产技术比较简单的企业。

2. 直线职能制

直线职能制又称直线参谋制，它是一种从直线制组织发展而来的组织结构形式，是直线制与参谋制相结合的组织结构。它试图综合直线型组织和职能型组织两种结构形式的优点，并力图克服其缺点。

直线职能制组织的优点是领导权集中，职责清楚，秩序井然，工作效率较高，而且整个组织有较高的稳定性。其缺点是下级部门的主动性和积极性的发挥受到限制，不能集思广益来作出决策；当职能部门和直线部门之间目标不一致时，容易产生矛盾，致使上级主管的协调工作量增大，难以从组织内部培养熟悉全面情况的管理人才；整个组织系统的适应性较差，容易因循守旧，对新的情况不能及时作出反应。这种组织结构一般比较适用中、小型企业。对于规模较大、决策时需要考虑较多因素的组织，则不太适用。

3. 事业部制

事业部制是一种采取"集中政策，分散经营"的分级管理、分级核算、自负盈亏的分权管理形式。在这种制度下，企业按产品、地区或经营部门分别设立若干个事业部，该项产品或该地区的全部业务，从产品设计、原材料采购到产品制造，一直到产品销售，全部由事业部负责，企业高层管理者只保持人事决策、财务控制、规定价格幅度以及监督等大权，并利用利润指标对事业部进行控制。

事业部制有利于企业高层管理者摆脱日常事务，集中精力考虑全局性的问题；可以充分发挥下属组织的经营管理积极性并展示个人才智，也便于组织专业化生产和企业内部协作。但该组织形式职能机构重叠，容易造成人员浪费，而且各事业部若只考虑自身利益，容易引发本位主义，影响事业部之间的协作。事业部制适用于大型企业或跨国公司。

4. 模拟分权制

模拟分权制是一种介于直线职能制与事业部制之间的组织结构。许多大型企业，如需要连续生产的钢铁、化工企业，由于产品品种或生产工艺过程的限制，难以分解成几个独立的事业部，又由于企业规模庞大，以致高层管理者感到采用其他组织形态都不容易实现有效管理，这时便出现了模拟分权制。所谓模拟，就是模拟事业部制的独立经营、单独核算，而不是真正的事业部，仅是一个个实际生产单位，这些单位有自己的职能机构，享有尽可能大的自主权，负有"模拟性"盈亏责任，目的是调动其生产经营积极性，达到改善企业生产经营管理的目的，但这种组织形式不会为模拟的生产单位明确任务，考核上存在一定困难，各生产单位较难了解企业全貌，在沟通效率和决策权力方面也存在缺陷。

5. 矩阵制

矩阵制组织是一种由纵横两套系统交叉形成的复合结构组织。纵向的是职能系统，横向的是为完成某项专门任务而组成的项目系统。项目系统没有固定的工作人员，而是随着任务的进度，根据工作的需要，从各职能部门抽调人员参加，这些人员完成了与自己有关的工作后，仍回到原来的职能部门。

矩阵组织具有很大的弹性和适应性，可以根据工作的需要，集中各种专门的知识和技能，短期内迅速完成重要的任务。项目小组中集中了各种人才，便于知识和意见的交流，能促进新的观点和设想的产生。但是，项目组织的成员是根据工作的进展情况临时从各职能部门抽调的，其隶属关系不变，从而不仅可能使他们产生临时观念，影响工作责任心，而且由于要接受并不总是保持一致的双重领导，在工作中可能有时会感到无所适从。矩阵制组织的特点决定了它主要适用于那些工作内容变动频繁，每项工作的完成需要众多技术知识的组织，或者作为一般组织中安排临时性工作任务的补充结构形式。

6. 多维立体组织结构

多维立体组织结构是矩阵制和事业部制的综合发展，是一种适应新形势要求而产生的组织结构。这种组织结构由三个方面的管理系统构成：一是按产品划分事业部，是产品利润中心；二是按职能（包括市场研究、生产、调查、技术、管理等）划分专业参谋部门（职能部门），是专业成本中心；三是按地区划分管理部门,是地区利润中心。在这种组织结构下,事业部经理不能单独作出决定,而是由产品事业部经理、专业参谋部门和地区部门的代表三方共同组成产品事业委员会,对各类产品的产销进行领导。这样就把产品事业部经理和地区经理以生产经营为中心的管理与专业参谋部门以成本为中心的管理较好地结合了起来,协调了产品事业部之间、地区之间的矛盾,有助于及时互通情报,集思广益、共同决策。这种组织形式适用于规模巨大的跨国公司或跨地区公司。

二、现代企业组织的关系

组织关系是指发生在两个或两个以上的组织之间的相对持久的资源交换、流动、联系。在国际竞争、技术变革、体制转型环境中,任何企业都难以独行。企业组织存在的相互作用促使企业不断产生新的关系类型。这些相互作用和相互关系影响到企业的整个系统。

(一)总公司和分公司的关系

总公司和分公司是一个经济实体,分公司是总公司的一部分。总公司是法人企业,分公司不是法人企业,尽管分公司可以在工商部门登记办理营业执照,对外进行营业,但涉及法律问题必须由总公司的法人代表出面。总公司和分公司是上下级的直接领导关系,分公司在总公司的直接领导下进行一切经营活动。

(二)母公司和子公司的关系

母公司和子公司的关系主要是股权关系。从法律的角度来看,母公司和子公司是两个分别独立的经济实体,都是企业法人。母公司和子公司不存在直接的上下级关系,母公司不能直接领导子公司的经营活动,在对外的一切活动上彼此都是独立的。然而母公司对子公司有着控股的关系,是子公司的大股东,因此母公司可以通过股东大会以及它的常设机构董事会来对子公司进行控制,间接领导子公司的经营,决定子公司的一切重大决策,并且可以间接地决定子公司的总经理人选。母公司由于对子公司事实上拥有较多的支配权,因此一些母公司在进行组织构造时常常有专门的部门对子公司进行管理,如事业部制结构的公司就是将不同的子公司归在相应的事业部下面。

通常，A 公司拥有 B 公司 50% 以上的股份，就称 A 公司是 B 的母公司，B 公司是 A 的子公司。但是各国对母公司成立的要求不尽相同，一般可归纳为四种：① A 公司控制 B 公司一半以上的股份；② A 公司拥有相对控制 B 公司多数表决权的股份；③ A 公司能实际控制 B 公司的董事会；④ B 公司是 A 公司所拥有的子公司控制的子公司，此时也称 B 公司是 A 的孙公司。

（三）跨国公司母公司与国外子公司和分公司的关系

跨国公司母公司与国外子公司在法律上是相互独立的企业法人，母公司在母国遵守母国的法律法规，而子公司在东道国遵守东道国的法律法规，子公司是具有东道国国籍的公司。在股权上，母公司拥有子公司达到控股程度的股份，因此对其有控制权，有间接指挥其经营的管理权。

跨国公司的国外分公司是母公司的一部分，是母公司由于业务需要而在国外设立的分支机构，尽管它在东道国注册经营，但由于它只是母公司的附属机构，相对东道国来说只是外国公司的一部分，因此它不具有东道国的国籍。分公司的对外一切活动都是在母公司的直接领导下进行的，母公司对其有直接的指挥权。

（四）契约型联合体企业组织与成员企业的关系

契约型联合体企业组织只是一个协议性联合组织，就组织本身来讲，它并不是企业法人，不是一个独立的经济实体，它只是一个协调性组织、一个监督协议条款执行的组织，它除了对成员企业某些条款的执行情况进行监督外，没有任何指挥权，因此成员企业和契约型联合体企业组织的关系是相当松散的。

（五）企业集团和成员企业的关系

企业集团是一种结构相当稳定的企业联合组织形式，但是从法律上讲，企业集团本身并不是企业法人，也不是独立的经济实体。企业集团是具有多层次组织结构的法人联合体。企业集团具有多层次的组织结构，包括核心层、紧密层、半紧密层和松散层。核心层企业是企业集团的母公司。紧密层企业是母公司的子公司，它跟企业集团的关系非常紧密，是企业集团的忠实成员。半紧密层企业是母公司的关联公司。关联公司是指被其他公司持有一定比例的股份，但未达到被控制界限的公司。对于关联公司的持股比例，各国有不同的规定。由于核心层企业对关联企业持有一定比例的股份，因此对其人事、财务、经营等都有一定的影响，故关联企业和企业集团的关系也较紧密。相对而言，母公司的关系企业、协作企业等处于企业集团的松散层，它们和企业集团的关系比较松散。

由于企业集团的核心层企业对其成员企业有着控股和持股等因素，所以企业集团可以通过母公司对其他成员企业进行间接指挥或影响它们的活动。如果企业集团设立领导机构，更可以通过这一机构对成员企业的重大决策进行决定，领导成员企业实现企业集团的总体战略目标。

三、现代企业组织创新

不仅管理实践随着整个社会的变化而变化，现代企业组织的组建模式也相应地发生着变化。在成熟的市场经济中，大企业的执行官无一不是战略家，他们关注市场，关注技术变革，寻求着企业发展的突破。虽然好的战略对企业的发展至关重要，但是企业竞争力和竞争优势的核心不仅仅依赖于特定的组织资源或能力，因为这些通常可以购买或被其他企业模仿，还来源于组织内部的运行机制，即企业执行的程度是难以被模仿的，战略的执行和落地需要组织能力的支撑。

现代企业组织的创新主要表现在四个方面：一是企业组织的组建模式创新，二是企业内部组织体系创新，三是企业组织设计要素创新，四是企业组织设计方案创新。管理者的组织工作也侧重于对组织整体的结构与流程进行设计。

（一）现代企业组织的组建模式创新

企业组织本身的创新，从历史的角度看，是历史发展的必然，从资产权和经营权合一的企业组织形式到资产权和经营权分离的现代企业组织的发展，从作坊、单一工厂形式的企业组织到现代的联合企业组织形式的发展都说明，历史一直在选择新的、适合时代潮流的企业组织形式。

虽然每一个企业在组建之时都会构建组织形式，但组织形式演变的历史表明，组织过程本身是对组织的一种思考和思维方式。在很大程度上，当前企业的外部环境，譬如全球一体化带来的竞争、多元化、企业社会责任等问题，技术的快速发展，知识和信息转变成组织最重要的资源，企业员工对个人在企业内职业发展机会的期望等，都要求组织作出应对。现代企业组织对于组建模式创新的要求是：①要有利于企业的经营，有利于企业的管理；②要能够增强企业的生产经营能力，提高抗风险的能力，提高企业竞争能力；③要能够提高企业员工的工作热情，发挥企业的最大潜能，发挥自身优势；④企业要有完善的经营机制、管理机制和约束机制。

（二）现代企业内部组织体系创新

企业内部组织体系的创新，目的就是更好地适应企业外部环境和内部环境的变化。企业的外部环境包括宏观环境和产业环境。从宏观环境来看，技术因素、经济因素、文化因素等的变化都会促使企业组织内部体系的创新。从产业环境来看，如竞争者的产品价值的变化、顾客需求的变化、供货商资源价格的变化等也都将促使企业内部组织体系的创新。

企业内部组织体系的创新一般应从三个方面进行：一是组织结构的创新，二是组织管理技术的创新，三是人才开发与使用的创新。

1. 组织结构的创新

企业内部组织结构的创新就是对企业内部组织结构的全部或一部分进行变革，从而得到一种新的内部组织结构。组织结构的创新应该遵循的路径具体如下。

第一，从组织结构中的部门着手，涉及分权程度的变革、管理跨度的变革、协作方式的变革、工作设计的变革以及工作进度的变革。

第二，从整个组织规划着手，涉及组织体系的变革。

第三，从控制指挥系统着手进行创新。

2. 组织管理技术的创新

组织管理技术的创新就是对管理中使用的技术进行变革。例如，电话的产生、电子计算机的问世、信息技术的发展等都导致了管理技术的创新。

3. 人才开发与使用的创新

企业内部组织，人才是关键因素，因为组织的运作是靠人去完成的。

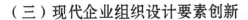

（三）现代企业组织设计要素创新

1. 知识管理、信息管理的网络化

知识管理、信息管理是组织系统设计者优先考虑的创新要素。知识管理、信息管理的网络化使企业组织的发展出现了一些新规则。

第一，注重集结。组织通过网络将其高层至基层人员全面地、扁平化地连接起来，这不仅意味着网络技术在组织中的广泛使用，也意味着找到了一种能充分挖掘组织中每个人智慧的组织形式。

第二，随着市场从有形到无形的转移，距离和地域的限制变得越来越不重要，供给与需求双方之间的中间环节减少了。

第三，机会先于效率。网络经济为组织提供了以往无法想象的机会，在一个强调定制和创新的年代，组织将更注重机会的出现，整个组织形式会随"机会"而"舞动"。

2. 企业的伦理和社会责任越来越引起组织设计者的关注

不同规模的企业纷纷引入伦理准则，提出了鼓励伦理行为的政策和组织保障措施，有些企业成立了与此相关的职能部门。

3. 适应多样化的开放系统

组织必须与环境互相作用才能生存，组织结构不仅不能设计成封闭的，还必须符合变革要求以适应环境的快速变化。

4. 结构变量的变化

结构变量包括专业化、职权层级、组织规模、组织文化、人员比例、职业化程度等因素。

5. 员工指向对组织结构形式的影响

企业目标给组织的参与者提供了一种方向感。目标有助于激励员工，当员工参与目标的制定时更是如此。目标管理（Management by Objective，MBO）由此带来了组织形式的变动。目标管理体系由下级和他们的上级一起确定具体的绩效目标，定期地对实现目标的进展情况进行检查，报酬的分配与实现目标的进展情况相符。

（四）现代企业组织设计方案创新

1. 网络型组织结构

当前，企业有一个明显的趋势，就是将自己限定在少数几项做得非常出色的业务上，而将其他工作交由外部的专业公司去做，这就形成了网络型组织结构。这一组织结构就是将市场协调方式引入组织中，从而取代了传统的纵向层级结构。快速的电子数据传送使这一新的组织形式成为可能，组织可以在全世界范围内利用外部资源。

2. 学习型组织

学习型组织中的"学习"是指通过实践和思考来改变自己的思想、行为模式和能力，它具有两层含义，一是以获取知识为目的的学习，二是以促使心灵根本转变为目的的学习。

3. 平衡计分卡

组织可以设计一种将行政控制、市场控制和部门控制结合起来的形式，即平衡计分卡，通过财务维度、顾客维度、流程维度和员工维度综合评价企业的绩效，综合运用财务绩效报告来衡量市场对组织的满足情况。平衡计分卡是一个富有弹性的动态工具，完全可以随机应变，根据企业战略而变，辩证地看待局部与全局、眼前与长远、后退与前进之间的关系。

第二节　现代企业经营管理及其战略管理

一、现代企业经营管理

（一）经营管理的主要内容

由于人们对经营的认识不同，因此企业的经营管理有广义和狭义之分。广

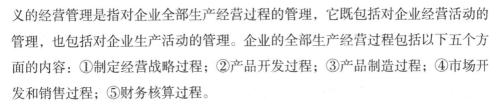

义的经营管理是指对企业全部生产经营过程的管理，它既包括对企业经营活动的管理，也包括对企业生产活动的管理。企业的全部生产经营过程包括以下五个方面的内容：①制定经营战略过程；②产品开发过程；③产品制造过程；④市场开发和销售过程；⑤财务核算过程。

狭义的经营管理是指对企业经营活动的管理。工业企业的全部活动分为生产活动和经营活动两大部分。生产活动具有内向性，它的基本要求是充分利用企业内部的一切条件，用最经济的办法按预定计划把产品制造出来。经营活动则具有外向性，它的基本要求是使企业的生产技术经济活动适应企业外部的环境变化，根据市场环境的变化制定企业的目标、计划和战略，保证企业取得较好的经济效益。以生产活动为对象的管理属于生产管理，以经营活动为对象的管理属于经营管理。

（二）现代企业的经营思想、方针和目标

1. 现代企业的经营思想

现代企业的经营思想是指现代企业从事生产经营活动、解决经营问题的指导思想。它是由一系列观念或观点构成的对经营过程中发生的各种关系的认识和态度的总和。

西方企业非常重视企业经营思想的确立，他们认为经营理念比资本更重要，经营理念的正确与否直接关系到企业经营的成败。

我国的企业是自主经营、自负盈亏、独立核算的商品生产者和经营者。所以，我国的企业的经营思想应包括六个观念。

（1）市场观念。市场观念是企业经营思想的中心。树立市场观念，应当把消费者的需要和利益放在第一位，为消费者提供最适宜的产品和最佳的服务，用创造性的经营满足消费者需要，以此求得企业的生存与发展。

（2）竞争观念。在社会主义制度下，竞争的积极意义在于它是一种择优发展的经济手段，也是一种发挥企业主动性和创造性的外部压力。树立竞争观念，要求企业置身于竞争的环境中，在国家政策法令和职业道德所允许的范围内开展积极竞争，充分发挥自己的专长和优势，使自己的产品或经营方式具有某种

特色。

（3）人才观念。人才是企业经营管理活动的主体，是企业最宝贵的资源。当今企业的竞争，既是经济实力的竞争，又是技术知识的竞争，归根结底是人才的竞争。树立人才观念，要求企业尊重知识、尊重人才，重视人才的培养和合理使用，不断提高人的素质。

（4）创新观念。企业的生命力在于它的创造力。创新精神是企业经营成功的力量源泉。企业环境瞬息万变，市场竞争日趋激烈，只有永不满足已经取得的成就，永远有新目标，永无止境地进行探索与开拓，企业才会取得卓越的成就。

（5）效益观念。树立效益观念，要求企业用尽可能少的劳动消耗，提供尽可能多的符合社会需要的产品或服务。提高经济效益并不是单纯地为了盈利。要正确处理好使用价值与价值的关系，处理好企业经济效益与社会经济效益的关系，处理好当前经济效益与长远经济效益的关系。

（6）战略观念。战略观念是企业经营思想的综合体现，居于一切经营观念的统帅地位。战略观念是指企业为实现经营目标，通过对企业外部环境和内部条件的全面估量和分析，从全局出发而作出的较长时期的总体性谋划和活动纲领。它具有全局性、长远性和风险性的基本特征。企业经营的成功之道，就是不满足现状、高瞻远瞩、面向未来、胸怀全局，实行战略经营和战略管理。

2. 现代企业的经营方针

现代企业的经营方针是在一定的经营思想指导下，从事各种经营活动所必须遵循的基本纲领与准则。经营方针是企业经营思想的具体反映，是实现经营目标的行动指南。

依据不同类型企业的不同经营特点、不同时期的不同内外条件、要解决的不同经营问题，可将经营方针具体分为三种。

（1）明确服务方向方针。企业是以提供具体的产品或服务为消费者服务的。企业的产品服务方向不同，经营管理要求则有很大区别。企业服务方向的方针，可以有多种选择：可以为国内市场服务或为国际市场服务，可以为农村消费者服务或是为城市消费者服务，可以为工业生产提供原材料、设备服务或者是为消费者提供直接服务等。每个企业都要确定具体的服务方向，才能有的放矢，做好经营管理工作。

（2）坚持技术发展方针。企业技术发展对经济效益有着重要影响，企业应当有明确的技术发展方针。技术发展方针可以是采用一般技术、用价廉物美的中低档产品取胜的发展方针，也可以是采用先进技术、用优质高档产品取胜的发展方针。企业技术力量的配备，是以实用性研究为主还是以基础性研究为主，企业设备技术更新改造方式的选择，都是技术发展方针的内容。

（3）确定生产营销方针。企业生产经营活动，主要反映在品种、数量、质量、价格、交货期和服务等方面，企业应结合自身条件，发挥优势，确定经营方针。生产营销方针，可以是扩大产量薄利多销，可以是优质优价以质取胜，可以是以发展品种保持多样化经营为特色，也可以是提高服务质量促进生产发展等。

现代企业经营方针的制定，是一个周密的调查研究过程，要从长远考虑，从企业实际出发，扬长避短、发挥优势，形成自己的经营风格和特色。同时，注意根据企业条件和市场形势的变化，适时地调整和修订经营方针。

3. 现代企业的经营目标

经营目标是现代企业生产经营活动在一定时期内所预期达到的经营成果与水平。任何企业在一定时期内都有其经营目标，企业的各项生产经营活动都要围绕一定的预期目标来进行。企业经营目标的基本内容一般包括四点。

（1）贡献目标。企业的存在取决于它对社会的贡献和贡献的大小。社会主义企业对社会的贡献，既包括提供产品或服务，满足消费者的物质文化生活需要，又包括创造价值，为国家提供积累，满足促进社会经济发展的需要。

（2）市场目标。市场是企业的生存空间。开拓新市场、提高市场占有率是企业重要的经营目标。市场目标是指一定时期内，企业占领市场的广度和深度。对有条件的企业，还应提高产品在国外市场的竞争能力，开拓国际市场。

（3）发展目标。发展目标是指企业在一定时期内，其生产规模的扩大、品种的增多和产品质量、技术水平等的提高。它不仅表现在生产规模的扩大，技术水平与管理水平的提高上，而且表现在企业员工素质的不断提高上。

（4）利益目标。利益目标是指企业在一定时期内，为本企业和员工创造的物质利益。它表现为企业实现的利润、工资与奖金、员工福利等。利益目标是现代企业经营活动的内在动力，也是企业谋求生存和发展的基础。

企业的总体经营目标，是通过各个环节和各个部门员工的努力实现的，因此，应该围绕企业的总体目标制定本部门的具体目标，从而形成一个纵横交错、有机关联的目标体系。也正是通过企业经营目标的层层分解和层层保证，使各部门各环节的生产经营活动紧密配合，使企业的总体经营目标得到最终实现。

二、现代企业战略管理

企业战略管理不仅包括根据内外环境来确定长期发展方向、目标以及目标实现途径，而且包括组织企业战略的实施，对实施过程进行检查评价和调整。与企业以往制定长期规划或长期发展战略相比，企业战略管理是一个动态的过程，而不是一次性的活动。

（一）现代企业战略的层次

在大中型企业中，企业的战略可以分为三个重要层次：公司战略、业务战略和职能战略。在这三类战略里，战略的四个构成要素，即经营范围、资源配置、竞争优势和协同作用又扮演着不同的角色，发挥着各自不同的特性。

1. 公司战略

公司战略又称总体战略。在大中型企业里，特别是多种经营的企业里，公司战略是企业战略中最高层的战略，需要根据企业的目标，选择企业可以竞争的经营领域，合理配置企业经营所必需的资源，使各项经营业务相互支持、相互协调。可以说，从公司的经营发展方向到公司各经营单位之间的协调，从有形资源的充分利用到整个公司价值观念、文化环境的建立，都是公司战略的重要内容。

公司战略的特点是：①从形成的性质来看，公司战略是有关企业全局发展的、整体性的、长期的战略行为；②从参与战略形成的人员来看，公司战略的制定与推行人员主要是企业的高层管理人员；③从战略构成要素的作用来看，经营范围和资源配置是公司战略中主要的构成要素，竞争优势和协作作用两个要素则因企业不同而需要进行具体分析。

2. 业务战略

业务战略又称经营单位战略。在大型企业中，尤其是在企业集团里，为了提高协同作用，加强战略实施与控制，企业从组织上把具有共同战略因素的若干事业部或其中的某些部分组成一个经营单位。每个经营单位一般都有自己独立的产品和细分市场。在企业内部，如果各个事业部的产品和市场具有特殊性，都可以视作独立的经营单位。

因此，业务战略就是战略经营单位、事业部或子公司的战略。业务战略是在公司战略的制约下，指导和管理具体经营单位的计划和行动，为企业的整体目标服务。从战略构成要素的角度来看，资源配置与竞争优势是业务战略中最重要的组成部分。由于经营范围与产品和细分市场的选择有关，与产品和市场的深度与广度的关系甚少，因此在业务战略中，协同作用则变得愈加重要，要重视经营单位内部不同职能领域活动的协调。

3. 职能战略

职能战略又称职能层战略。它是指企业内部主要职能部门的短期战略计划，使职能部门的管理人员可以更加清楚地认识到本职能部门在实施公司战略中的责任和要求，有效地运用研究开发、营销、人力资源、财务等方面的经营职能，保证企业目标的实现。

职能战略的特点是：①用于确定和协调企业的短期经营活动，期限较短，一般在一年左右；②更具有针对性和具体性，便于实施和控制；③从战略构成要素来看，协同作用和资源配置是职能战略的关键要素，而经营范围的重要性较低。

（二）企业战略管理的意义

对于企业来说，制定企业战略，从总体上对企业的经营活动进行谋划、指导和控制，具有如下重要意义。

第一，有利于企业整体目标的实现。制定企业战略使企业各部门、各环节的工作都能按统一的战略目标来运行，这样一个协调性的运转机制，能为实现企业的整体经营目标打下良好的基础。

第二，优化资源配置，提高资源利用的效率。企业战略管理的本身就是从诸多的可以达到既定目标的行动方案中选择一个对于企业当前情况来说最满意的方案。因此，凡是制定得合理、正确，并得到了正确贯彻执行的企业战略，都能保证企业的资源得到最有效的配置和最充分的利用。

第三，增强企业经营活动的稳定性。由于企业外部经营环境的不断变化，企业的经营战术活动也需相应地变化或调整。但是，一切战术问题的调整和变化，必须是为了实现有利于既定的企业总体任务和目标。对战术问题的调整，不应是盲目的、随心所欲的或仓促被动的。因此，只有在企业经营战略的规定下，企业才能够主动地、有预见地、方向明确地按经营环境的变化来调整自己的经营战术，这样才能减少被动性、盲目性，才能处变不惊，使企业始终在多变的经营环境中按既定的目标稳步前进。

第四，为获取市场竞争的优势地位奠定基础。在日趋激烈的市场竞争中，企业与竞争对手的竞争不仅是企业现有实力的较量，而且是同竞争对手比较谋略。要想在市场竞争中取得胜利，必须有正确的、出奇制胜的战略谋划。制定正确的并能得到有效贯彻的企业战略，可使企业在竞争中不断取得成功。

第五，实现员工参与管理，激发员工工作积极性。从管理的原理来说，管理必须强调统一意志、统一指挥。同时，管理工作也应强调调动被管理者的积极性和创造性。在具体管理操作中，对于全局性的谋划，对于战略的制定，是需要集思广益的，最需要企业员工上下同心，明确企业的发展前景。因此，在企业战略管理中，调动广大员工参与，不仅体现了管理的民主性，也便于管理者吸收广大员工的智慧，起到激励下属的功效，使企业所有的员工都能明确企业的发展前景及其实现途径，调动企业员工的主动性和增强凝聚力。

不同行业竞争力量的综合强度是不同的，因此，各行业利润的最终潜力也不同。在竞争激烈的行业中，一般不会出现某家企业获得惊人收益的状况。在竞争相对缓和的行业中，各个行业普遍可以获得较高的收益。此外，行业竞争的不断加剧，会导致投资收益率下降，直至趋近于竞争的最低收益率。企业的收益率如果长期低于行业的最低收益率，最终会停止经营，并将投资投入其他行业；相反情况下，它就会刺激外部资金流入该行业。流入的方式有两种：①新加入者带

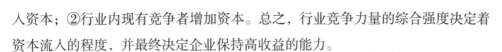

入资本；②行业内现有竞争者增加资本。总之，行业竞争力量的综合强度决定着资本流入的程度，并最终决定企业保持高收益的能力。

从战略形成的观点看，五种竞争力量共同决定行业竞争的强度和获利能力。但是，各种力量的作用是不同的，常常是最强的某个力量或某几个力量处于支配地位，起决定性作用。

第三节 现代企业经营决策与经营计划

一、现代企业经营决策

（一）决策

1. 决策的概念

人们在经济等活动中，都自觉或不自觉地在各种方案中进行抉择，处理生存与发展中的各种问题。人类以往历史的决策活动，主要是依赖个人的聪明才智和经验作出的判断，往往存在着一定的局限性。第二次世界大战以后，由于科学技术的迅速发展，企业规模逐渐扩大，垄断与竞争加剧，企业逐渐认识到及时根据环境变化作出科学的决策，是企业成败的关键。至此，决策科学理论逐渐形成，并且得到了广泛的传播。

在决策科学中，决策是指对未来行为确定目标，并从两个及以上的可行性方案中选择一个合理方案的分析判断过程。掌握科学决策的含义，应明确以下要点：①决策是行为的前提或基础；②决策要有明确的目标；③决策要有可行的方案；④决策是方案的选优过程；⑤决策是一个分析判断过程。

2. 企业决策的分类

不同的企业决策行为对企业的影响是不一样的。有的决策影响企业整体和全局，对企业的生存和发展起着较大的作用和影响，如战略决策、高层决策；有些决策只影响企业的局部，对企业生存和发展影响不是特别大，如基层决策等。

（二）企业经营决策的概念

那些规定并影响企业整体和全局发展，以及各种重要经营活动的决策叫作经营决策。经营决策是指企业在经营过程中，为了实现其经营目标，在对企业外部环境和内部条件进行分析和判断的基础上，利用科学的方法，对所制订的可行方案进行选优并付诸实施的过程。随着社会主义市场经济体制的建立和完善，企业经营自主权越来越大，企业经营决策在企业管理中的地位也越来越重要。

1. 经营决策是决定企业生存和发展的关键

企业经营决策是关系到企业整体和全局的重要经营活动的决策。它决定了企业在经营活动中的经营目标、经营方针和以经营策略为主体的经营方案，经营决策正确与否，直接影响到企业经营的成败。

2. 经营决策是企业经营管理的核心

现代管理理论认为，管理的中心是经营，经营的重心是决策。经营决策实质上也是企业为达到经营目标对企业行为进行的选择。如果企业经营决策失误，就可能会使企业经营活动走上错误的道路，此时管理效率越高，企业蒙受的损失就可能越大。

3. 正确的经营决策是调动企业各方面积极性的重要手段

首先，正确的经营决策来自决策的科学化和民主化，有利于调动广大员工参与企业决策的积极性。其次，企业经营决策所制定的经营方针和经营目标，指明了企业的发展方向，有利于统一大家的行动，并使全体员工为实现这一目标而齐心协力、努力工作。最后，企业经营决策所制定的各种经营策略，是企业成功的重要手段，有利于调动各方面的积极性，为企业的顺利发展而不断创新。

（三）企业经营决策的基本原则

经营决策涉及的问题多种多样，决策过程又是复杂的认识与实践过程，要取得理想的效果，除遵循科学的决策程序外，遵循经营决策的原则同样十分重要。经营决策的原则概括了决策过程的基本要求，遵循这些原则在决策工作中就能少走弯路，减少决策失误，提高决策效果。经营决策的基本原则主要有以下几项。

1. 系统性原则

经营决策要坚持系统分析观点，从整体出发，全面地对问题进行分析比较，确定目标和找出对策。贯彻系统性原则具体来说必须考虑三点：①内部条件与外部条件相结合；②局部利益与整体利益相结合；③当前利益与长远利益相结合。

2. 经济原则

决策本身要讲究效果和代价的关系，也就是要研究决策的收益和所花的代价问题。如果决策所花的代价很大，而取得的效益甚微，则应该考虑进行该项决策有无必要。贯彻经营决策的经济原则应该从以下两个方面考虑。

第一，决策的必要性。决策来自问题，无论是解决现实与要求之差距，还是利用新的市场机会问题，只有决策者认为值得付出代价去解决的才有必要进行决策。认识问题的本质是决策必要性的前提，同时还要认识组织决策付出人、财、物和时间的代价与可能的经济成果之间的关系，即研究决策效果与代价的关系。当决策者确认其必要性后，再考虑决策的形式、方法和手段。

第二，决策的形式、方法和手段。要根据决策的重要性、数量化程度、计算与逻辑过程的复杂性以及时间，来选择决策的形式、方法和手段，要以最少的人、财、物及时间耗费取得最大的效益或争取最小的损失。

3. 科学性原则

决策科学化是科学技术和社会生产力高度发展的产物，也是现代企业经济活动取得预期效果的重要条件。只有坚持科学决策，才能在错综复杂的市场环境中避免或减少决策失误。决策过程中贯彻科学性原则，要做到：首先，确定决策目标具有科学依据和客观可能性，重视信息，切忌脱离实际；其次，遵循科学的程序，开展决策活动，服从决策组织，避免决策过程的混乱；最后，充分运用科学的决策方法，既不能只做质的分析不做量的分析，也不能单纯依靠数学模型，应将质的分析和量的分析相结合，坚持实事求是的态度，在决策实施执行中根据客观情况的变化适时调整和修改决策目标和方案，使决策方案符合生产经营的客观实际。

4. 民主化原则

现代企业决策问题涉及范围广泛，具有高度复杂性，单凭决策者个人的知识和能力很难作出有效的决策。决策者必须充分发扬民主，善于集中和依靠集体的智慧与力量进行决策，以弥补决策者知识、能力方面的不足，避免主观武断、独断专行可能造成的失误，保证决策的正确性、有效性。

贯彻决策的民主化原则要做到以下几点。

第一，合理划分企业各管理层的权限和决策范围，调动各级决策者和各类人员参与决策的积极性和主动性。

第二，充分尊重每一个参与决策的决策者的地位和权利，尽力做到协同合作。

第三，悉心听取广大群众的意见和建议，在群众的参与或监督下完成决策工作。

第四，重视发挥智囊参谋人员的作用，吸收有关专家参与决策。

第五，加强企业决策领导机构的建设，健全决策工作的民主化程序，对重大问题要坚持集体领导、集体决策。

5. 创新原则

企业经营管理活动处于不断运动和发展变化之中，经营决策作为对未来经营目标、行动方案的抉择活动，其形式和内容要不断创新。决策遵循创新原则的基本要求有以下两点。

第一，经营决策的制定要立足现实，更要着眼未来，要在市场调查和预测的基础上把握经济活动内在变化过程的规律。

第二，经营决策机制不能停留在现有水平上，要不断发展变化，积极吸取当代科学技术发展的最新成果，不断更新决策观念，充实决策理论，改革决策组织，提高决策者的自身素质。

（四）经营决策的方法

随着决策理论和实践的发展，人们在决策中采用的方法也不断得到充实和完善。

1. 定性决策法和定量决策法

（1）定性决策法。定性决策法又称主观决策法或经验判断法。这种方法是直接利用人的智慧、经验和能力进行决策。核心是决策者利用自己的知识、经验与能力，在决策的各阶段，根据已知情况和现有资料，提出决策目标和各种方案并作出相应的评价和选择。这种决策方法，简便灵活，节省费用与决策时间，但主观成分大，有一定局限性，适用于受社会经济因素影响大、所含因素错综复杂又无法量化的综合性经营决策。

（2）定量决策法。定量决策法是建立在数学模型基础上的决策方法。其核心是把与决策有关的变量与变量之间、变量与目标之间的关系用数学关系表示出来，通过数学模型的求解选择决策方案。定量决策方法使决策过程数学化、模型化，大大提高了科学决策的水平。但是，它也有一定的局限性，对于许多非程序化的决策课题，对于涉及政治、社会、心理的决策因素，人们还难以用数学语言加以表达和描述，而且有些常规的和谐化课题至今还没有简便可行的数学方法。因此，应当把定量决策与定性决策方法结合起来。

2. 不同决策条件下的决策方法

（1）确定型决策。确定型决策是指决策条件（或称自然状态）非常明确，通过对各种方案的分析，都会知道其明确的结果。因此，确定型决策的主要任务是借助一定的计算分析方法把每个可行方案的结果计算出来，然后通过比较，把结果最好的方案选取出来，作为决策的行动方案。确定型决策使用的计算分析方法很多，如代数法、线性规划、微分法和盈亏分析法等。

盈亏分析法又称量本利分析法，是企业经营决策中常用的一种决策方法。该方法通过产量（或销量）、成本、利润的关系来分析企业的盈亏状况，从而为经营决策提供依据。

（2）风险型决策。风险型决策是指决策问题的每个可行方案有两个以上的自然状态，哪种自然状态发生预先无法确定。但每种自然状态的发生，可以根据以往的统计资料得到一个客观概率，决策者只能根据各种自然状态发生的概率进行决策。由于引入概率的概念,任何方案的执行都要承受一定的风险,故称风险型决策。

风险型决策的依据是各方案的期望损益值,决策时只要把各种方案的期望损益计算出来,进行比较,就可以从中选择一个满意的方案。

决策树是辅助决策用的一种树形结构图,其决策的依据仍是期望损益值。不同的是,决策树是一种图解法,对分析复杂的决策问题较为适用。

(3)不确定型决策。不确定型决策是指决策者所要解决的问题有若干个方案可供选择,但对事件发生的各种自然状态缺乏概率资料。这时只能依赖于决策者的主观经验,选择决策标准,择优确定决策方案。

二、现代企业经营计划

经营计划是为实现企业经营目标,对企业生产经营全过程所做的具体安排与部署。这是企业经营思想、经营目标、经营决策、经营方针及策略的进一步具体化,是企业全体员工的行动纲领。

经营计划与计划经济条件下企业实行的生产技术财务计划有着明显的区别。经营计划与生产技术财务计划的主要区别体现在以下几点。

一是计划所涉及的范围不同。生产技术财务计划基本限于企业内部,不与外部市场环境发生联系。经营计划不仅要协调企业内部的生产环节,而且要将其与外部经营环境联系起来统一考虑。

二是计划的依据不同。生产技术财务计划编制的依据是国家下达的计划指标,目的是完成和超额完成国家计划任务。经营计划的编制依据是包括国家在内的社会需要,目的是获得最大的经济效益。

三是计划过程不同。生产技术财务计划只是对国家下达的产品生产指标进行具体安排,不需要进行多方面的论证和决策。经营计划的制订要以企业内外多方面的信息为基础,要从多种方案中择优,是个复杂的决策过程。

总之,企业生产技术财务计划是计划经济体制的产物,是一种单纯执行性的计划,而经营计划是我国经济体制改革的产物,是一种开放型、决策性的计划。

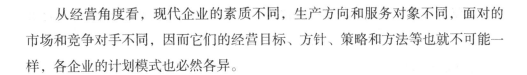

从经营角度看，现代企业的素质不同，生产方向和服务对象不同，面对的市场和竞争对手不同，因而它们的经营目标、方针、策略和方法等也就不可能一样，各企业的计划模式也必然各异。

（一）经营计划的类别

现代企业应通过多种计划来有效地实施管理。一个企业应编制多种经营计划，特别是社会主义市场经济条件下，企业成为自主经营、自负盈亏的商品生产经营者以后，企业应根据自己生产经营特点的需要来设计适当的计划种类。目前来看，企业的经营计划主要有以下几种。

第一，按计划的期限，可分为长期经营计划、年（季）度经营计划和月度作业计划。长期经营计划是企业较长时期（一般是指 3 ~ 5 年）的长远规划；年（季）度经营计划是计划年（季）度生产经营活动的纲领；月度作业计划是年（季）度经营计划的具体执行计划，是组织日常生产经营活动的依据。

第二，按计划的作用，可分为战略计划和战术计划。战略计划是全局性的对企业发展起关键作用的计划，包括企业总的经营方针和发展目标，企业的技术改造规划，科研和新产品开发规划，产品开发战略，市场开发战略及人才开发规划等。战术计划解决的是局部的、短期的，以及保证战略计划实现的问题，如企业年（季）度资源分配计划、工程计划、产品生产计划、企业技术改造和新产品开发等阶段计划。

第三，按计划的综合程度，可分为综合经营计划和单项计划。单项计划是为了解决某一方面的问题或某一个专题而制订的计划，如利润计划、销售计划、品种计划、生产计划、科研计划、劳动人事计划、财务计划、企业技术改造计划等。综合计划是各个单项计划联系在一起构成的一个整体，是各单项计划的综合。

第四，按计划的空间范围，可分为全厂计划、车间计划和工段、班组计划。建立从全厂到班组的计划体系，使企业计划层层落实，是实现计划的可靠保证。

（二）经营计划的主要任务

企业经营计划的任务，就是在服从国家计划和管理的前提下，按照社会与市场的需要，通过编制计划、组织计划的实施以及对计划的控制，把企业内部各项经营要素和各项经营活动科学地组织起来，保证全面均衡地完成计划和满足市场需要，努力提高经济效益。具体地说，其任务有以下几个方面。

1. 制定目标

在科学预测的基础上，将企业的经营思想、经营方针和策略，具体化为经营目标，并在此基础上制订企业的计划，并用它来动员、组织和协调广大员工的行动。

2. 分配资源

要实现企业的目标，必须有资源做保证。由于资源是有限的，因此，合理地分配资源也是企业计划管理的一项重要任务。一般而言，企业所需的资源包括人力、物力、财力、信息及时间等。合理分配资源，就是按企业经营目标的重要程度、先后次序等，采用科学的方法来合理地安排资源，保证重点目标实现的需要，使资源发挥出最大效应。

3. 协调生产经营活动

企业是一个开放式系统，为实现企业系统的目标及任务，必须做好以下两个方面的平衡与协调：①企业与外部环境的平衡；②企业内部各环节的平衡。而这一切就是计划工作的主要内容，没有计划这两方面的平衡是不可能实现的，企业的生产经营活动也就难以顺利进行。

4. 提高经济效益

企业一切活动的目的是在不断满足社会需要的前提下提高经济效益。计划管理的中心任务就是促使满足社会需要与获得经济效益有机地结合起来。因此，企业经营计划要求在认真进行企业外部环境研究和内部条件分析的基础上，做好制定目标、分配资源、协调生产经营等各项工作，使企业用一定的投入取得最大限度的产出。

（三）经营计划的编制和执行

1. 经营计划的编制

经营计划无论是长期的还是短期的，无论是单项的还是综合的，一般都要根据国家和企业决策的要求，经过以下四个步骤来编制。

（1）认真调查研究，为具体编制计划创造前提条件。企业编制经营计划时，首先要对企业的外部环境和内部条件，进行全面调查、周密分析，这是计划工作的基础。外部环境研究的目的是更为深入地摸清市场中的机会和威胁，以便企业能充分利用市场机会，避开威胁。企业内部条件是企业发展的基础，同时也制约企业的发展。通过企业内部条件分析，主要弄清企业本身的长处和薄弱环节。这样企业在制订计划时，就可以扬长避短，发挥优势。

（2）统筹安排，全面确定计划的具体目标。确定经营计划的各项具体目标是计划编制的关键步骤。没有目标或者目标不明确就会影响计划的质量和执行效果。所谓统筹安排，是指全面考虑各个目标、各种条件之间的相互联系和相互制约关系，使之相互协调。此外，统筹安排还要协调好企业当前与长远的关系。

（3）编制不同的计划方案，经过反复比较，选择最优或最满意的方案。完成任何一个目标，往往可以采取几种不同的方法，形成几种不同的计划方案，只有把一切合理方案都挖掘出来，才能通过比较鉴别把最优或最满意的方案选择出来。一般来说，每一种计划方案都有其合理性，也有其局限性或不足，对各种条件的利用或限制来说，也都各有侧重。要通过多种方案的反复比较，把那种最接近目标而又最适应关键限制性条件，同时利多弊少的方案选择出来，作为最优或最满意的方案。为使计划有更好的适应性和灵活性，可以把其余落选的但又有价值的方案作为备用方案，一旦前提条件改变，可以启用备用方案。

（4）综合平衡，编制正式计划。这是编制计划的最后一步，主要内容是综合平衡。在计划编制的第二步统筹安排中已经作出了初步的匡算平衡，但是那一步侧重于和企业外部的平衡，侧重于目标的平衡协调，而这一步则侧重于企业内部的平衡。因此，平衡的内容除与外部的衔接平衡外，主要是企业内部各部门、各环节的工作平衡。其中有：第一，以利润为中心的利润、销售、生产的平衡；第二，供应、生产、销售之间的平衡；第三，资金需要和筹集的平衡；第四，生产与生产准备的平衡；第五，各环节生产能力之间的平衡等。综合平衡要进行大量细致的计算工作，但是综合平衡更主要是一个发动群众、进一步暴露矛盾的过程，也是计划落实的过程。做好综合平衡工作，不仅能编制出计划，也为计划的贯彻执行奠定了良好的基础。

2. 经营计划的执行

组织计划执行的基本要求，就是要保证全面地、均衡地完成计划。生产型管理条件下，企业经营计划的贯彻执行主要通过短期的各种作业计划及厂内经济核算制来实现。经营型管理条件下，经营计划的贯彻执行除作业计划及经济责任外，还有自己独特的方式。因为经营计划可能是单项计划，计划内容中有各种非指标形式的经营目标，如创名牌、开辟国外市场等，还有各种文字形式的经营方针，如"以质量求生存，以效益求发展""以快取胜"等。这类计划不解决好它的贯彻执行问题，就可能成为一个落空的口号。从当前国内外的经验看，解决这一问题的主要方式是目标管理。

目标管理的基本观点是把以前的以作业为中心和以人为中心的两种不同的管理方法综合起来，形成一种"自我"追求成果的管理方式。目标管理的基本做法是把自上而下的目标分解和自下而上的目标期望结合起来，让企业各个部门及全体员工围绕企业总的经营目标，提出本部门及个人应完成的目标，并制定措施保证目标实现。目标管理最突出的优点是把经营计划的贯彻执行建立在员工主动性、积极性的基础上，可以广泛地把企业员工吸引到企业经营活动中来。

第三章　现代企业生产管理与质量管理

第一节　现代企业生产管理方式

一、现代企业生产管理

生产管理就是对企业生产活动的计划、组织、控制。它有广义和狭义之分。广义的生产管理是指对企业生产活动的全过程进行综合性的、系统的管理，也就是以企业生产系统为对象的管理。因此，其内容十分广泛，包括生产过程的组织、劳动组织与劳动定额管理、生产技术准备工作、生产计划和生产作业计划的编制、生产控制、物资管理、设备和工具管理、能源管理、质量管理、安全生产、环境保护等。狭义的生产管理则是指以产品的生产过程为对象的管理，即对企业的生产技术准备、原材料投入、工艺加工直至产品完工的具体活动过程的管理。由于产品的生产过程是生产系统的一部分，因此，狭义的生产管理的内容，也只能是广义生产管理内容的一部分。

（一）生产管理在企业管理中的地位

企业是一个有机的整体，企业管理是一个完整的大系统，由许多子系统组成。生产管理作为一个子系统处于什么地位，需要从它和其他子系统之间的关系上来认识。

1. 生产管理与经营决策的关系

经营决策确定了企业在一定时期内的经营方针、目标、策略、计划等。生产管理作为企业管理的重要组成部分，通过组织生产活动，来保证经营意图的实现。经营决策的目的是谋求和筹划企业外部环境、内部条件和经营目标三者之间的动态平衡；生产管理为经营决策提供物质条件，起着重要的保证作用。因此，它们之间的关系是决策和执行的关系。

2. 生产管理与技术开发的关系

技术开发是企业在经营决策目标的指导下，进行的产品开发、工艺技术开发和原材料开发，是生产管理的前提条件，是组织生产、实现经营目标的重要技术保证。而生产管理也为技术开发的顺利进行提供了实验条件和反馈信息。所以，两者在企业管理中都处于执行地位，有着密切的关系。

3. 生产管理与销售管理的关系

生产管理是销售管理的先决条件，为销售部门及时地提供用户满意的、适销对路的产品或服务。做好生产管理，对开展销售管理工作、提高产品的市场占有率有着重要的意义。生产管理也应主动适应销售管理工作的要求，销售部门也必须及时向生产管理部门提供可靠的信息，以改进产品、提高质量，并力求使市场需要和生产条件结合起来，达到最优配合。因此，两者在企业管理中都处于执行地位，它们之间是一种十分密切的协作关系。

综上所述，在企业管理系统中，经营决策处于核心地位，它决定着企业的全局，为企业的其他管理子系统确定正确的奋斗目标和方向，而其他各管理子系统围绕着实现企业的经营目标而活动，处于执行地位。

（二）生产管理在企业管理中的作用

生产管理虽在企业管理系统中处于执行地位，但其作用仍非常重要。随着社会和经济的发展，企业对生产管理提出了更高的要求，因此，加强生产管理显得更为重要。

1. 生产管理是企业管理的基本组成部分

以工业企业为例，工业生产活动是工业企业的基本活动，而工业企业经营的主要特征是产品的生产。所以，生产什么样的产品、生产多少产品来满足用户和市场的需要，就成为工业企业经营的一项重要目标。生产管理就是将处于理想状态的经营目标，通过产品的制造过程而转化为商品。所以，生产管理是企业经营管理的物质基础，是实现经营目标的重要保证。

2. 提高生产管理水平有利于增强企业产品竞争力

当前，市场需求多变，不仅需要产品新、品种多、质量高，还要价格便宜、交货及时。要做到这些就必须加强生产管理，建立稳定的生产秩序，强化生产管理系统的应变能力。只有这样，才能实现企业的经营目标。

3. 加强生产管理有利于企业经营管理层抓好经营决策

在市场竞争日趋激烈的情况下，企业经营管理层的主要任务是抓好经营决策。但要有一个前提条件，就是企业生产管理比较健全、有力，生产、工作秩序正常。这样，企业领导才能没有后顾之忧，才能从日常大量的烦琐事务中摆脱出来，集中精力抓好经营决策。因此，强化生产管理仍然十分必要。

二、现代企业生产管理方式

（一）现场管理模式 5S 管理

5S 活动是指对生产现场各生产要素（主要是物的要素）所处状态，不断地进行整理、整顿、清扫、清洁，以达到提高素养的活动。由于整理（Seiri）、整顿（Seiton）、清扫（Seiso）、清洁（Seiketsu）、素养（Seiketsu）这五个词（日语）的罗马拼音都以"S"开头，所以把这一系列活动简称为 5S 活动。

1. 整理

整理是指在规定的时间、地点把作业现场不需要的物品清除出去，并根据实际，对保留下来的有用物品按一定的顺序摆放好。经过整理应达到以下要求：不用的东西不放在作业现场，坚决清理干净；不常用的东西放在远处（如库房）；偶尔使用的东西集中放在车间的指定地点；经常用的东西放在作业区。

2. 整顿

整顿是指对整理后需要的物品进行科学、合理的布置和安全、不损伤的摆放，做到随时可以取用。整顿要规范化、条理化，提高效率，使整顿后的现场整齐、紧凑、协调。整顿应达到的要求有：物品要定位摆放，做到物各有位；物品要定量摆放，做到目视化，过目知数；物品要便于取存；工具归类，分规格摆放，一目了然。

3. 清扫

清扫是指把工作场所打扫干净，对作业现场要经常清除垃圾，做到没有杂物、污垢等。清扫应达到的要求有：对自己用的东西，自己清扫；对设备清扫的同时，检查是否有异常，清扫的同时也是点检；对设备清扫的同时，要进行润滑，清扫的同时也是保养；在清扫中会发现一些问题，如管道的跑、冒、滴、漏等，要透过现象查出原因，加以解决，清扫的同时也是改善。

4. 清洁

清洁是指要保持没有垃圾和污垢的作业环境。清洁应达到的要求有：作业环境整齐、干净、美观，保证员工健康，增进员工的劳动热情。清洁贵在保持和坚持，要将整理、整顿、清扫进行到底，并且制度化，管理要公开化、透明化。

5. 素养

素养是指努力提高员工的素养，养成良好的风气和习惯，具有高尚的道德品质，自觉执行企业的规章制度、标准，改善人际关系，加强集体意识，它是5S活动的核心。素养应达到的要求有：不要别人督促，不要领导检查，也不用专门去思考，员工便能形成条件反射，自觉地去做好各项工作。典型的例子就是要求严守标准，强调的是团队精神。

开展5S活动的目的是做到人、物、环境的最佳组合，使企业全体人员养成坚决遵守规定的习惯。5S是现场管理活动有效开展的基础，5S活动不仅能改善

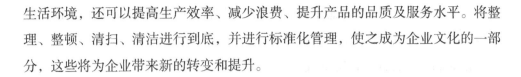

生活环境，还可以提高生产效率、减少浪费、提升产品的品质及服务水平。将整理、整顿、清扫、清洁进行到底，并进行标准化管理，使之成为企业文化的一部分，这些将为企业带来新的转变和提升。

（二）准时制生产

准时制（Just in Time，JIT）生产是指在精确测定生产各工艺环节作业效率的前提下按订单准确地计划生产，是以消除一切无效作业与浪费为目标的一种管理模式，又称为零库存生产。简单地说，就是在合适的时间，将合适的原材料和零部件以合适的数量送往合适的地点，生产出所需要的产品。合适的时间与合适的数量，即适时、适量，要求通过看板管理的方式实现生产同步化、均衡化及批量极小化；生产所需的产品可通过质量管理保证产品的质量。

准时制生产技术根据"反工序"原理，在生产系统中将任何两个相邻工序即上下工序之间都确定为供需关系，由需方起主导作用，需方决定供应物料的品种、数量、到达时间和地点。供方只能按需方的指令（一般用看板）供应物料。具体地说，就是每一个阶段加工或供应产品的品质、数量和时间由下一阶段的需求确定。在传统生产制造系统中，物流与信息流同向运动，制品根据生产计划从前制程"推"到后制程，这种生产方式被称为"推动式生产方式"；而准时制生产的物流与信息流呈相反方向运动，后制程向前制程传递需求信息，"拉"出自己所需求的制品。所以，准时制生产方式又被称为"拉动式生产方式"，送到的物料必须保证质量、无次品。这种思想就是以需定供，可以大大提高工作效率与经济效益。

准时制生产的基本思想容易理解，但是，要实现准时制生产并不容易，因为准时制生产不仅是一种生产技术，还是一种全新的管理模式。准时制生产涉及产品的设计、生产计划的编制、设备的改进、设备的重新布置、工序的同期化、设备的预防维修、生产组织的调整等各方面，任何一个环节不改进，准时制生产就推行不下去。

准时制生产方式将"获取最大利润"作为企业经营的最终目标，将"降低成本"作为基本目标。准时制生产方式是一个贯穿整个系统的平滑物料流，也就是一个平衡系统。在这种思想主导下，生产过程将在尽可能短的时间内，以尽可能最佳的方式利用资源，彻底消除浪费。

准时制生产方式是以降低成本为基本目标，在生产系统的各个环节、各个方面全面展开的一种使生产能同步、准时进行的方法。为了实现同步化生产，企业开发了后工序领取、单件小批量生产、生产均衡化等多种方法。而为了使这些方法能够有效地实行，准时制生产方式又采用了被称为"看板"的管理工具。

看板管理也可以说是准时制生产方式中最为独特的部分，是实现准时制生产极为重要的手段。看板的主要功能是传递生产和运送的指令。看板作为管理工具，犹如连接工序的神经而发挥着作用。需要注意的是，绝不能把准时制生产方式与看板方式等同起来。准时制生产方式说到底是一种生产管理技术，而看板只不过是一种管理工具。

（三）精益生产

精益生产（Lean Production，LP）方式是对准时制生产方式的进一步升级，是对准时制生产方式精华的提炼和理论总结。精益生产方式将原来主要应用于生产领域的准时制生产扩展到市场预测、产品开发、生产制造管理、零部件供应管理以及产品销售和售后服务等领域，贯穿于企业生产经营的全过程，使生产方式的变革更具有可操作性。

精益生产打破了传统的大规模流水生产线和金字塔式的分层管理模式，其核心思想就是以整体优化的观点，合理配置和利用企业拥有的生产要素，把参与一种产品的开发、生产、销售以及售后服务所有步骤的员工融合在一些合作小组之中，以达到增强企业适应市场多元化要求的应变能力，以获得更高的经济效益。

精益生产方式具有以下特征。

1. 采用小组工作法

在产品开发与生产准备工作上化整为零，采用小组工作法。小组工作法是精益生产方式的一个突出的特点。小组工作法是指企业的生产组织以小组为单位，小组不仅进行生产，而且参与管理和经营，它是为彻底消除无效劳动和浪费、实行拉动式生产而建立的。小组工作法强调以人为本，团结协作，集思广益，齐心合力以及团队精神。

2. 以人为本

以人为本，充分调动人力资源的积极性，培训员工一专多能，不断提高工作技能，推行多机床操作和多工序管理，并把工人组成作业小组，且赋予其相应的责任和权力。作业小组不仅直接参与组织生产，而且参与管理，甚至参与经营。

3. 有效配置使用企业资源

在开发产品、提高质量、改善物流、降低成本等方面密切合作，确保主机厂和协作厂共同获得利益。把多种现代管理手段和方法用于生产过程之中，如工业工程、价值工程等，计算机被更多地应用到计划、过程控制中来，使生产手段现代化，也极大地提高了生产效率。

4. 避免浪费

彻底消除无效劳动和浪费，即追求"零废品、零库存"，消除一切影响工作的"松弛点"，以最佳的工作环境、条件和最佳工作态度，从事最佳的工作。

第二节　现代企业生产运作计划

一、物料需求计划

（一）物料需求计划的含义

在制造业中，零部件需要经过多道工序的加工和组装才能形成最终的产品，编制物料需求计划（Material Requirement Planning，MRP）是一项十分复杂、繁重而又困难的工作，一直是生产管理中的一个"瓶颈"。随着计算机技术在企业管理领域的广泛应用，借助计算机系统对从原材料开始直到最终产品的物料流动进行管理，才将人们从烦琐的工作中解脱出来。

物料需求计划系统目前已成为世界上推广运用最为普遍的一项现代计划管理技术，是运用电子计算机编制物料需求计划的一种方法。具体地说，物料需求计划是根据反工艺顺序法的原理，按照产品生产计划要求（数量和期限），以及各个生产阶段的生产周期、库存情况，反工艺地计算出构成产品各种物料的需求量和需求时间的计划。在企业的生产计划管理体系中，它属于作业层的计划决策。

物料需求计划系统的基本指导思想是，只在需要的时候，向需要的部门，按需要的数量，提供需要的物料。也就是说，物料需求计划系统既要防止物料供应滞后于需求，也要防止物料过早地出产和进货，以免增加库存，造成物料和资金的积压。

物料需求计划的特点是：①有了成品出产的总任务，可以自动连锁地推算出成品所包含的各个部件、零件的生产任务；②可以进行动态模拟；③库存计算精确，对库存严格控制，可减少库存；④运算速度快，便于计划的修正。物料需求计划系统极大地提高了生产计划的准确性和可靠性，提高了库存管理的服务水平，最大限度地降低了库存量，真正起到了指导生产的作用。

这种方法主要适用于成批生产加工装配型的企业，特别适用于根据订货进行生产或生产不稳定的成批生产企业。

（二）物料需求计划的要素

主生产计划、物料清单、独立需求计划以及库存记录等信息在物料需求计划的计算过程中起着关键性的作用。下面对这些关键要素分别进行介绍。

1. 主生产计划

主生产计划（Master Production Schedule，MPS）要确定每一个最终产品在每一个具体时间段的生产数量，是物料需求计划的基本输入内容。物料需求计划根据主生产计划展开，导出构成这些产品的零部件与材料的需求。主生产计划必须是可以执行、可以实现的，它应该符合企业的实际情况，其制订与执行的周期视企业的情况而定。企业的物料需求计划、车间作业计划、采购计划等均来源于主生产计划，即先由主生产计划驱动物料需求计划，再由物料需求计划生成车间作业计划与采购计划。所以，主生产计划在物料需求计划系统中起着承上启下的作用，实现从宏观计划到微观计划的过渡与连接。

2. 物料清单

物料清单（Bill of Materials，BOM）是产品结构的技术性描述文件，表明了最终产品的组合、零件直到原材料之间的结构关系和数量关系。物料清单是物料需求计划的第二个信息来源，也称为产品结构表，常用的表示有两种：一种为树状结构，另一种为表状结构。物料需求计划系统利用 BOM，把 MPS 中的产品订单分解成对零部件和材料的需求订单。物料需求计划运算时，需要使用 BOM 提供的物料的从属关系、底层标识、图样类型、虚拟件类型、设计购置类型等信息。物料需求计划的准确性和可靠度依赖于 BOM 的准确性和可靠度。

3. 独立需求计划

物料需求分为相关需求和独立需求。相关需求是指一个物料的需求直接与另一个物料需求有关系，可以通过对另一个物料的需求精确地计算出来。例如，用于装配列入主生产计划的产品零部件属于相关需求。独立需求是不能直接由另一个物料的需求计算得到的，如用于产品售后服务的零部件等。独立需求计划为物料需求计划提供了除最终产品以外的物料需求时间和需求数量，物料需求计划计算根据独立需求计划的需求信息，根据独立需求物料的属性产生生产计划或采购计划，进行物料需求计划运算。

4. 库存记录

库存记录说明现在的库存状况，如库存中物料的现有库存量、可用库存量、计划入库量、已分配量等。物料库存资料以每个存储项目（零部件或材料）作为一个单独的文件。库存记录包括每个存储项目的名称、实际库存量、保险储备量、订购批量、订购周期以及物料的进出情况（计划需要量、计划到货量及计划订货量等）。这些文件平时储存在计算机系统中，在物料需求计划程序运行中，根据需要取用这些文件。

5. 物料主文件及其他

物料主文件记录物料的各种属性，为物料需求计划提供物料的描述信息、生产或采购信息（提前期、批量生产、废品系数等）。

除了物料主文件的相关信息外，还需要工艺文件、工作中心数据、工厂日历的数据、工艺文件描述、企业加工和制造零部件的工艺路线以及相关数据，如产品工艺卡、材料定额等。

二、制造资源计划

（一）制造资源计划的逻辑流程

制造资源计划（Manufacturing Resources Planning，MRP Ⅱ）的基本思想就是把企业作为一个有机整体，从整体最优的角度出发，通过运用科学方法对企业各种制造资源和产、供、销、财各个环节进行有效计划、组织和控制，使它们得以协调发展，并充分地发挥作用。MRP Ⅱ系统在技术上已相当成熟。

MRP Ⅱ的逻辑流程包括决策层、计划层、执行层等企业经营计划层以及生产中物料需求和生产能力需求的基础数据和主要财务信息。经营计划是物料需求计划的起点，它根据市场需求和企业现有条件，确定企业的产量、品种、利润等指标，从而决定企业产品销售计划，各种物料、资金、人工等的需求计划，再在此基础上制订出企业的具体生产计划，确定生产何种产品及其产量和投产时间。在制订生产计划的同时还需对生产能力进行平衡，以保证生产计划能够实际完成。然后根据生产计划制订产品生产计划，规定每种产品的生产数量和生产时间，它是营销和生产作业的根据。

MRP Ⅱ使企业的生产经营管理达到系统化、合理化和规范化。而计算机快速处理信息的强大功能又极大地提高了管理和进行管理决策的效率和质量。许多企业在实施了 MRP Ⅱ之后取得了显著的经济效益：①降低了库存，包括原材料、在制品和产品的库存；②资源利用趋于合理，缩短了生产周期，提高了劳动生产率；③确保按期交货，提高了客户服务质量；④降低了成本，如采购费、加班费；⑤如同财务系统集成，可减少财务收支上的差错或延误，减少经济损失。

（二）制造资源计划的特点

1. 计划与管理的系统性

MRP Ⅱ是一种计划主导型管理模式，计划层次从宏观到微观、从战略到技术、由粗到细逐层优化，始终保证与企业经营战略目标一致。MRP Ⅱ通常是三级计划管理统一起来，把企业所有与生产经营直接相关部门的工作联结成一个整体，各部门都从系统整体出发做好本职工作，每个员工都知道自己的工作质量以及同其他职能部门的关系。

2. 数据共享性

MRP Ⅱ是一种制造企业管理信息系统，企业各种业务在统一的数据环境下工作，最大限度地达到信息的集成。企业各部门都依据同一数据信息进行管理，任何一种数据变动都能及时地反映给所有部门，做到数据共享，提高了信息处理的效率和可靠性，为生产计划和控制提供了依据，有利于控制生产成本，通过牵引技术实现按需准时生产。

3. 动态应变性

MRP Ⅱ是一个闭环系统，要求跟踪、控制和反馈瞬息万变的实际情况，管理人员可随时根据企业内外环境条件的变化迅速作出反应，及时调整决策，保证生产正常进行。它可以及时掌握各种动态信息，保持较短的生产周期，因而有较强的应变能力。

4. 模拟预见性

MRP Ⅱ具有模拟功能，利用系统中的数据和建立的模型，可以对未来相当长时期内可能出现的情况进行模拟，预见到在相当长的计划期内可能发生的问题，可事先采取措施消除隐患，而不是等问题发生了再花几倍的精力去处理。这将使管理人员从忙碌的事务堆里解脱出来，致力于实质性的分析研究，提供多个可行方案供领导决策。

5. 物流、资金流的统一

MRP Ⅱ包含了成本会计和财务功能，可以由生产活动直接产生财务数据，财务部门及时得到资金信息用于控制成本，通过资金流动状况反映物料和经营情况，随时分析企业的经济效益，参与决策，指导和控制经营和生产活动。

三、企业资源计划

企业资源计划（Enterprise Resource Planning，ERP）可以从管理思想、软件产品和管理系统三个层次给出它的定义。

其一，ERP 是美国著名的计算机技术咨询和评估集团提出的一整套企业管理系统体系标准，其实质是在 MRP Ⅱ 基础上进一步发展而成的面向供应链的管理思想。

其二，ERP 是综合应用了客户机、服务器体系、关系数据库结构、面向对象技术、图形用户界面、第四代语言（Fourth-Generation Language，4GL）、网络通信等信息产业成果，以 ERP 管理思想为灵魂设计的软件产品。

其三，ERP 是集企业管理理念、业务流程、基础数据、人力物力、计算机硬件和软件于一体的企业资源管理系统，即对一个制造企业的所有资源编制计划，并进行监控和管理。

所以，对于管理界、信息界、企业界不同的表述要求，ERP 分别有着它特定的内涵和外延，分别采用"ERP 管理思想""ERP 软件""ERP 系统"的表述方式。

（一）ERP 系统的管理思想

ERP 系统的核心管理思想就是实现对整个供应链的有效管理，主要体现在三个方面。

1. 体现对整个供应链资源进行管理的思想

在知识经济时代仅靠企业自己的资源不可能有效地参与市场竞争，还必须把经营过程中的有关各方，如供应商、制造工厂、分销网络、客户等，纳入一个紧密的供应链中，才能有效地安排企业的产、供、销活动，满足企业利用全社会市场资源快速高效地进行生产经营的需求，以进一步提高效率和在市场上获得竞争优势。换句话说，现代企业竞争不是单一企业与单一企业间的竞争，而是一个企业供应链与另一个企业供应链之间的竞争。ERP 系统实现了对整个企业供应链的管理，适应了企业在知识经济时代参与市场竞争的需要。

2. 体现精益生产、同步工程和敏捷制造的思想

ERP 系统支持对混合型生产方式的管理，其管理思想主要表现在两个方面。

其一，精益生产的思想。它是由美国麻省理工学院提出的一种企业经营战略体系，即企业按大批量生产方式组织生产时，把客户、销售代理商、供应商、协作单位纳入生产体系，企业同其销售代理商、客户和供应商的关系已不再是简单的业务往来关系，而是利益共享的合作伙伴关系，这种合作伙伴关系组成了一个企业的供应链，这就是精益生产的核心思想。

其二，敏捷制造的思想。当市场发生变化，企业遇有特定的市场和产品需求时，企业的基本合作伙伴不一定能满足新产品开发生产的要求，这时，企业会组织一个由特定的供应商和销售渠道组成的短期或一次性供应链，形成"虚拟工厂"，把供应和协作单位看成企业的一个组成部分，运用同步工程（Simultaneous Engineering，SE）组织生产，用最短的时间将新产品打入市场，时刻保持产品的高质量、多样化和灵活性，这就是敏捷制造的核心思想。

3. 体现事先计划与事中控制的思想

ERP 系统中的计划体系主要包括主生产计划、物料需求计划、能力计划、采购计划、销售执行计划、利润计划、财务预算和人力资源计划等，而且这些计划功能与价值控制功能已完全集成到了整个供应链系统中。

此外，ERP 系统通过定义与事务处理相关的会计核算科目与核算方式，在事务处理发生的同时自动生成会计核算记录，保证了资金流与物流的同步记录和数据的一致性，从而实现了根据财务资金现状，可以追溯资金的来龙去脉，并进一步追溯所发生的相关业务活动，改变了资金信息滞后于物料信息的状况，便于实现事中控制和实时作出决策。

计划、事务处理、控制与决策功能都在整个供应链的业务处理流程中实现，要在每个流程业务处理过程中最大限度地发挥每个人的工作潜能与责任心，流程与流程之间则强调人与人之间的合作精神，以便在有机组织中充分发挥每个人的主观能动性与潜能。同时，实现企业管理从"高耸式"组织结构向"扁平式"组织结构的转变，提高企业对市场动态变化的反应速度。

总之，由于信息技术的飞速发展与应用，ERP 系统得以将很多先进的管理思想变成现实中可实施应用的计算机软件系统。

（二）ERP 系统与 MRP Ⅱ 的区别

1. 在资源管理范围方面的差别

MRP Ⅱ主要侧重对企业内部人、财、物等资源的管理，ERP 系统在 MRP Ⅱ基础上扩展了管理范围，它把客户需求和企业内部的制造活动，以及供应商的制造资源整合在一起，形成企业的一个完整供应链，并对供应链上的所有环节进行有效管理。这些环节包括订单、采购、库存、计划、生产制造、质量控制、运输、分销、服务与维护、财务管理、人事管理、实验室管理、项目管理、配方管理等。

2. 在生产方式管理方面的差别

MRP Ⅱ系统把企业归类为几种典型的生产方式来进行管理，如重复制造企业、批量生产企业、按订单生产企业、按订单装配企业、按库存生产企业等，对每一种类型都有一套管理标准。而在 20 世纪 80 年代末 90 年代初期，企业为了紧跟市场的变化，多品种、小批量生产以及看板式生产等成为企业主要采用的生产方式，单一的生产方式向混合型的生产方式发展。ERP 则能很好地支持和管理混合型的制造环境，满足了企业的多元化经营需求。

3. 在管理功能方面的差别

ERP 除了 MRP Ⅱ系统的制造、分销、财务管理功能外，还增加了支持整个供应链上物料流通体系中供、产、需各个环节之间的运输管理和仓库管理功能，支持生产保障体系的质量管理、实验室管理、设备维修和备品备件管理功能及支持对工作流（业务处理流程）的管理功能。

4. 在事务处理控制方面的差别

MRP Ⅱ是通过计划的及时滚动来控制整个生产过程的，它的实时性较差，一般只能实现事中控制。而 ERP 系统支持在线分析处理（On-line Analytical Processing，OLAP）、售后服务及质量反馈，强调企业的事前控制能力，可以将设

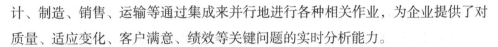

计、制造、销售、运输等通过集成来并行地进行各种相关作业，为企业提供了对质量、适应变化、客户满意、绩效等关键问题的实时分析能力。

此外，在 MRP Ⅱ 中，财务系统只是一个信息的归结者，它的功能是将供、产、销中的数量信息转变为价值信息，是物流的价值反映。而 ERP 系统则将财务计划功能和价值控制功能集成到整个供应链上，如在生产计划系统中，除了保留原有的主生产计划、物料需求计划和能力计划外，还扩展了销售执行计划和利润计划。

5. 在跨国或地区经营事务处理方面的差别

现代企业的发展，使得企业内部各个组织单元之间、企业与外部的业务单元之间的协调变得越来越多、越来越重要，ERP 系统应用完善的组织架构，可以支持跨国经营的多国家地区、多工厂、多语种、多币制应用需求。

6. 在计算机信息处理技术方面的差别

随着信息技术的飞速发展，网络通信技术的应用，使 ERP 系统得以实现对整个供应链信息的集成管理。

第三节　现代企业质量管理

一、质量及质量管理

（一）质量概述

1. 质量的概念

质量是指产品、过程或服务满足规定需求的特征和特性的总和。质是事物所固有的性质、特征和特点方面的规定性；量则是关于事物的范围和程度的规定性。任何事物都是质和量的统一。质量还可以从狭义和广义两个方面理解：狭义的质量就是指产品质量；广义的质量则是除了产品质量外，还包括工作质量。

产品质量是指产品适合一定的用途，可以满足用户需要所具备的属性。产品都具备一定质量方面的属性，而属性能够满足人们的需要程度，这反映了工业产品质量的优劣。

产品质量标准按其颁布单位和使用范围不同，分为国际标准、国家标准、部门标准、企业标准和合同标准。凡符合质量标准的产品就是合格品，而合格品又按其满足标准的程度，分为不同的等级；凡不符合质量标准的产品就是不合格品，不合格品分为废品、返修品、代用品等。质量标准会随着社会有关因素的变化而不断提高。

工作质量是指企业经营管理工作、组织工作以及思想政治工作等对达到产品质量标准、提高产品质量所具备的保证程度。

工作质量虽然不像产品质量那样直观具体，但它客观地存在于企业各项工作之中。因此，工作质量下降了，产品质量必然随之降低。由此可见，产品质量与工作质量既有区别，又有联系。产品质量是企业各方面工作的综合反映，而产品质量的好坏取决于工作质量水平的高低，因此，工作质量是产品质量的保证和基础。提高产品质量不能单纯就产品质量抓产品质量，而必须从改进工作质量入手，在提高工作质量上努力，用高水平的工作质量来保证高水平的产品质量，要真正树立"产品质量是工作质量的综合反映，工作质量是产品质量的保证"的意识。

2. 质量职能

质量职能就是为了使产品达到一定的质量标准而进行的全部活动的总称。为确保产品的质量，使产品达到质量标准，有必要确定各有关部门应发挥的作用和应承担的职责。

产品质量有一个产生、形成和实现的"螺旋式上升过程"。过程中的各项工作或活动的总和被称为质量职能。所有这些工作或活动都是保证产品质量所必不可少的。

质量职能的各项活动并不都是在一个企业的范围内进行的，即使是在企业范围内的活动，也并不都集中在一个部门，而是由企业各个部门进行的，即企业各部门都承担着部门质量职能。质量职能随质量管理有机地结合起来，并互相协调配合，它是多方面职能的一种。

3. 质量管理

质量管理是企业为了保证和提高产品质量或工作质量所进行的调查、计划、组织、协调、控制、检查、处理及信息反馈等项活动的总称。

通常所说的质量管理，是指从微观的角度来研究企业在保证和提高产品质量过程所要做的工作。其中主要包括：企业各部门（如设计和研究部门、工艺部门、供销部门、检验部门等）执行质量职能的理论和方法；有关提高产品质量的组织和管理工作；对各种质量职能活动的综合管理；在质量管理活动中需要适用的各种统计方法等。

从宏观角度研究质量管理，主要指：维护消费者的合法权益以及群众质量监督对于促进提高产品质量的意义；国家和各级主管部门通过法规、条例对企业质量管理工作的领导与干预；市场机制对质量的调节、控制作用；标准化管理；国家对出口的检查与监督；产品生产的论证制度等。

（二）全面质量管理

1. 全面质量管理概述

（1）全面质量管理的概念。全面质量管理是指企业为保证和提高产品质量，组织企业全体职工和各部门参加，综合运用现代科学和管理技术成果，对影响产品质量的全过程和各种因素实行控制，用最经济的手段，生产出用户满意的产品的系统管理活动。全面质量管理是一种科学的、现代的质量管理方法，它的核心是强调人的工作质量，保证和提高产品质量，达到提高企业和社会经济效益的目标。

（2）全面质量管理的特点。全面质量管理是一个具有丰富内涵的理论。一般认为，它有下面一些基本特点。

①全面质量管理是一种管理途径，既不是某种狭隘的概念或简单的方法，也不是某种模式或框架。

②全面质量管理强调一个组织必须以质量为中心来开展活动，不能以其他管理职能来取代质量的中心地位。

③全面质量管理必须以全员参与为基础。这种全面参与不仅仅是指组织所有部分和所有层次的人员要积极认真地投放各种质量活动，同时要求组织的最高管理者坚持强有力的和持续的领导、组织、扶持以及有效的质量培训工作，不断提高组织所有成员的素质。

④全面质量管理强调让顾客满意和本组织成员及社会受益，而不是其中的某一方受益，而其他方受损。这就要求组织能够在最经济的水平上最大限度地向顾客提供满足其需要的产品和服务。在顾客受益的同时，组织也能获得好的经济效益。

⑤全面质量管理强调一个组织的长期成功，而不是短期的效益。这就要组织有一个长期富有进取精神的质量战略，建立并不断改善其质量管理体系，培育并不断更新其质量文化，使组织的长期成功建立在自身素质和实力的基础上。

（3）全面质量管理的基本工作内容。全面质量管理的基本工作内容包括设计过程、制造过程、辅助服务过程和使用过程的质量管理。

①设计过程的质量管理。设计过程是广义的，它是指企业的生产技术准备过程，包括开发新产品和改造老产品所进行的实验、研制、产品设计、工艺设计、试制和鉴定等。设计过程是影响产品质量的关键阶段，是质量反馈循环的起点。设计既是产品生产过程的起点，又是带动其他各环节的首要一环。设计过程的质量管理主要有下列任务：根据市场调查和用户需要，设计新产品和改造老产品，使之实现技术先进可行和经济合理有效；根据需要和企业的可能条件，采用先进工艺，以取得良好的经济效果。设计过程质量管理工作的内容有：指定产品质量目标；参加审查设计和工艺；参加新产品试制、鉴定；标准化审查；技术文件的质量保证；产品设计的经济分析及设计程序的审查等。

②制造过程的质量管理。制造过程质量管理的任务是：建立能够稳定生产合格优质品的生产系统，抓好每个生产环节的质量保证，严格执行技术标准，保证产品全面达到技术标准的要求，努力生产优质产品，减少不合格品。制造过程质量管理工作的内容有：建立和健全岗位责任制，执行操作规程，遵守工艺规

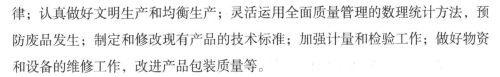

律；认真做好文明生产和均衡生产；灵活运用全面质量管理的数理统计方法，预防废品发生；制定和修改现有产品的技术标准；加强计量和检验工作；做好物资和设备的维修工作，改进产品包装质量等。

③辅助服务过程的质量管理。辅助服务过程的质量管理是指辅助生产及生产服务过程的质量管理工作，如物资、工具、工装供应的质量管理，设备维修和动力供应等工作的质量管理。产品制造过程中的很多质量问题，都同辅助过程的质量管理工作有关，因此，在质量保证体系中辅助过程的质量管理相当重要，不可忽视。辅助服务过程的质量管理包括辅助部门的工作质量（辅助产品质量），如工具、工装、维修及动力供应的质量和服务质量，能否及时供应、方便生产和保证需要。

④使用过程的质量管理。产品的过程是实现生产目的的过程，也是考验产品实际质量的过程，这是企业质量的归宿。使用过程的质量管理是企业质量管理工作的继续。从全面质量管理的观点出发，产品质量的好坏，主要看用户的评价，所以，产品使用过程的质量管理，主要包括技术服务和用户访问两个方面的工作。

（4）全面质量管理的基础工作。企业开展管理工作，必须具备一些基本条件、手段和制度，如标准化工作、计量工作、质量信息反馈工作、质量责任制、质量教育工作等。

2. 质量保证体系

（1）质量保证体系的含义。质量保证体系就是企业以保证提高产品质量为目标，运用系统的概念和方法，把质量管理各阶段、各环节的管理职能组织起来，形成一个有明确任务、责任、权限，互相协调、互相促进的有机整体。质量保证体系是系统工程的理论方法在质量管理中的应用，建立质量保证体系是实现企业方针目标的一种手段和方法。

（2）质量保证体系的内容。

①要有一个明确的质量方针、质量目标和目标值，并能将方针展开，目标值层层分解，落实到部门、班组和个人。

②建立一个高效严密的组织机构，用以监督、控制、协调各部门的质量管理工作。

③要有完整的先进技术标准、操作标准、管理标准和各项工作程序，用工作质量保证产品质量，实现所有管理工作的标准化、程序化。

④有标准完整的信息，迅速传递反馈，及时处理有关质量问题。

⑤建立广泛的群众质量管理网，普及质量管理小组活动。企业的各个部门、每个人都按照标准工作，认真履行自己的责任，通过上述工作内容，实现企业的质量目标，完成企业方针，全面质量管理就会逐渐形成一个真正的质量保证体系。

（3）质量保证体系的种类。质量保证体系有工作质量保证体系和产品制造质量保证体系两大类。

①工作质量保证体系。它是产品开发与设计工作的质量保证体系，是工艺管理的质量保证体系，是均衡生产的质量保证体系，是产品监督的质量保证体系，是设备管理的质量保证体系，是销售服务的质量保证体系，也是思想政治工作的质量保证体系。

②产品制造质量保证体系。它是产品制造的质量保证体系（制造过程的工作标准化），也是零件加工的质量保证体系（操作标准化、工作典型化）。

（4）确定质量保证的条件。建立企业的质量保证体系必须具备下列条件。

①企业经过整顿验收，有一个懂业务、会管理的坚强的领导班子。

②各项基础工作完善而扎实，有明确的责任制度、管理制度和考核办法。

③有正常的生产秩序和工作秩序。

④全面质量管理工作已经开展，并取得了一定的成效，能运用全面管理的基本思想和方法进行工作。

（5）质量保证体系的建立。建立企业的质量保证体系没有一个通用的模式，它必须依据不同条件、不同的行业和企业的特点，并随着全面质量管理的开展而不断深化和完善，通常要从下列四个方面建立保证体系。

①建立思想保证体系。使企业全体职工树立"质量第一"的思想。树立全心全意为用户服务的思想，为顾客生产、为顾客服务。企业全体员工都要积极参加创优质、争名牌的活动，树立牢固的质量观念。

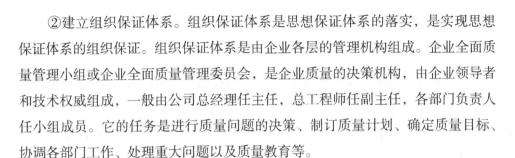

②建立组织保证体系。组织保证体系是思想保证体系的落实，是实现思想保证体系的组织保证。组织保证体系是由企业各层的管理机构组成。企业全面质量管理小组或企业全面质量管理委员会，是企业质量的决策机构，由企业领导者和技术权威组成，一般由公司总经理任主任，总工程师任副主任，各部门负责人任小组成员。它的任务是进行质量问题的决策、制订质量计划、确定质量目标、协调各部门工作、处理重大问题以及质量教育等。

③建立生产过程的质量保证体系。从产品设计、制造、工艺到装配的每一生产阶段、每一工序都要建立工序质量标准、操作标准、产品完工验收标准和信息传递标准，保证生产过程质量稳定合格。

④建立检验保证体系。做好质量检验工作，包括工序检验和成品验收，仍然是全面质量管理不可缺少的重要工作。要实行"防检结合、预防为主"的工作方针，技术部门建立质量标准，质量检验部门执行质量检查工作，质检部门要站在用户立场上，从产品的使用观点出发，做顾客的代表，用科学的检测方法开展检验工作。

二、质量管理常用的统计方法

（一）质量统计的基本原理

质量统计就是依据概率论和数理统计的原理和方法，通过样本来预测和推断总体产品质量的一种方法。

质量统计控制的依据是从大量随机事件中，随机选取部分事件进行分析，用以推断总体特征。在产品质量检查和分析中，通过对从一批产品中选取子样所做的分析，取得所需要的数据，进而推断总体的产品质量。这种用质量具有代表性的"部分"来推断"总体"本质的办法就是质量统计控制最基本的特征。

（二）质量统计控制中的数据要求

全面质量管理要求用数据说话，在现实生产活动中，任何质量特性都通过一定的数据表现出来。因此，进行质量管理就必须收集、整理、分析、运用各种与质量有关的数据。

1. 数据的分类

（1）计量值数据，是指可取任意数值的数据。这类数值属于连续型数值，如长度、重量、速度、温度等。

（2）计数值数据，是指只能用个数、件数和点数等单位来计算的数据，如产品件数、台数、产品表面缺点数等，它只能取整数，属于离散型数据。

2. 明确收集数据的具体目的

收集数据应按其具体目的的不同而收集不同类型的数据。收集数据的目的主要有：分析问题，即为分析现场状况而收集；利于管理和控制；检验、判定产品质量状况。

收集数据的方法一般采用随机抽样法。随机抽样又分为单层抽样和分层抽样等。对收集的数据还应进行整理，从而揭示数据背后的规律，使杂乱无章的数据系统化、规则化。

（三）数据的特性

数据具有波动性。由于加工条件及影响因素的不确定（波动性），而导致质量特性出现差别，这就是数据的波动性。

数据还具有规律性。数据虽然具有一定的波动性，但并不是杂乱无章的，而是呈现出一定的规律性，如数据分布的规律性。在质量管理中最常用的分布规律是正态分布、二项分布和泊松分布等。

（四）质量管理的统计方法

1. 分层法（分类法）

这是整理数据最常用的方法，即将收集来的数据，根据不同的目的及不同的标志进行分类、划分层次。这种数据处理方法使杂乱无章的数据和复杂的因素系统化、条理化，以便分清责任、找出原因，采取相应措施解决质量问题。

2. 排列图法

（1）排列图的基本形状。排列图法也叫帕累托图法，它是一种用来寻找影响产品质量主要因素的方法，是依据"关键的少数和次要的多数"的原则制作的。在质量管理中，经常是少数因素对产生的质量不良后果的影响较大（约占80%），这类因素即为A类，是主要影响因素，是关键的少数；B类因素是次要因素，对质量的影响占10%左右；C类因素虽多，但对质量不良后果的影响约占10%，这就是次要的多数。

排列图一般由两个纵坐标、一个横坐标、几个直方图和一条曲线组成。其中，左边的纵坐标表示频数，右边的纵坐标表示频率；横坐标表示影响质量的各种因素或项目，按各影响因素的影响程度大小从左到右顺序排列；直方图的高度表示各项因素影响的大小；曲线表示各影响因素大小的累计百分比，这条曲线就是帕累托曲线。

（2）排列图的应用。排列图的应用十分广泛，是数理统计常用的工具之一。在实践中要根据不同的目的灵活运用，常见的应用场合有分析主要缺陷形式，分析造成不合格品的主要工序原因，分析产生不合格品的关键工序，分析各种不合格品的主次地位，分析经济损失的主次因素，用于对此采取措施前后的效果。

（3）应用排列图的注意事项。一是主要因素不要过多；二是纵坐标频数的选择可依据分析的问题而定，如件数、金额等，其原则以找到主要影响因素为主；三是合并一些一般因素；四是逐层深入，即在确定了主要因素，采取了相应措施之后，为了检查措施效果还要重新画出排列图。

3. 因果分析图

（1）因果分析图的形式。因果分析图也称特性图，是将影响某一质量事项的各种原因，按主次因素形象地反映在一张图上，进而逐项分析，由大到小，达到解决质量问题的目的。为了寻找生产中某种影响质量因素的原因，集思广益，将群众意见反映在一张图上。图中一条主干线，把它画成较粗的线，并在右端标上箭头，用来表示某个质量问题。在主干线的上下方画出倾斜的支线，并用箭头指向主干线，用来表示某个质量问题的原因。因果图中的"结果"可以根据具体情况选择，如为什么零件不合格、为什么某工序能力低、为什么铸件出现砂眼等。有时"结果"很大、很广，有时又很小、很细，需要具体问题具体分析。

（2）因果分析图的作图步骤。第一，确定分析对象，即要解决什么问题；

第二，动员员工集思广益，分析产生质量问题的原因；第三，整理原因，按其原因的关系紧密程度将其画在图上；第四，采用排列图、分层法等方法，确定主要原因；第五，记录制图的有关事项。

（3）作因果分析图的注意事项。第一，调查原因，发扬民主，听取各种不同的意见；第二，影响质量的原因可以从人员、设备、材料、方法、环境等方面来考虑；第三，原因分析应细化到可采取措施为止；第四，看似不起眼的因素未必不是引起质量问题的重大原因，因此不容忽视；第五，画出图并找出主要原因后，还应到现场实地调查，再制定出改进措施；第六，措施实施后，还应画出新的排列图，以检查改进效果。

4. 调查表法

调查表法是一种利用统计表来进行数据整理工作和原因分析的方法。一般由于调查的目的不同，其格式可以不一样。因为调查表用起来简便而且能够整理数据，便于进一步进行统计分析，故在实践中得到广泛的应用。调查表的项目和形式要与产品、工序的要求相适应，针对不同的目的，要求制定不同的调查表。下面列举几种常用的调查表。

（1）频数分布调查表。首先将产品特性值可能出现的数值及其分级预先列成表格。当检查产品时在相应级内画符号。画完，频数分布也随之完成了。这种表能将记录、整理数据及作直方图三个步骤合为一步，使用起来很方便。

（2）缺陷位置调查表。每当产品出现外伤、油漆脱落、脏污或者铸锻件表面发生缺陷时，将其发生位置标记在产品示意图或展开图上，并给出缺陷的种类和数量，或用不同符号及颜色标出。

（3）不良项目调查表。为了调查生产过程中发生的不良项目及其所占的比率，可以制成不良项目调查表。当发生不良项目时，就在相应的栏目打上记号，到工作结束时，它们的情况就一目了然了。调查表法往往和分层法联合使用。

第四章　现代企业经济管理的创新发展

第一节　现代企业经济管理的创新

在市场经济体制下，尤其是随着我国社会主义市场经济体制的日益完善，企业依照创新特别是制度创新来赢得更大市场份额、获取更大市场竞争力的要求越来越迫切。现代企业经济管理的创新主要是指企业依托自己的长远规划和战略目标，采用系统理论发现企业经济管理中的不足，并提出创新性的、有针对性的解决措施，以期能够提高企业的核心竞争力、增加企业的经营利润，并获得可持续发展能力。

一、企业经济管理的创新

企业经济管理的创新是全方位的，既有企业经济管理理念、危机意识方面的构建和创新，更有制度方面的完善和变革，只有真正做到现代化的、全方位的自身管理制度革新，才能够适应新的市场环境。

（一）企业进行经济管理创新的必要性

1. 管理创新是新形势下更新企业经济管理理念的必然要求

不可否认的是，虽然我国企业在适应市场经济体制、参与国际市场竞争方面的进步巨大，但也还有许多地方需要学习和变革。缺乏先进的经济管理理念是我国企业普遍存在的问题。一些企业虽然已经认识到企业革新经济管理理念的重要性，但是出于各方面的原因，只有少数的企业取得了良好的表现。相对落后的管理理念使不少企业只能够进行表面的管理革新，没有获得本质性的转变，进而阻碍企业的长远发展。

2. 经济全球化是新形势下企业经济管理创新的外在动力

世界各国的经济联系日益密切已经成为不争的事实，其他国家的经济波动会直接反映在国际市场中，并有可能对本国的经济发展产生不利影响。面对日益复杂的国际市场竞争环境，某个企业单纯依赖低成本优势占领国际市场的情形已不复存在。创新企业经济管理理念、提高产品质量、突出企业特色、增强企业创新能力，已经成为企业实现可持续发展的必要条件。通过对近几年国内外企业发展战略调整的观察，可以清晰地看出，所有企业都在不约而同地进行自我变革，努力突出自己的特色优势。这应该能够给更多的企业的发展提供充分的启示。

3. 经济管理制度的落后是新形势下企业经济管理创新的内部原因

面对日益激烈的市场竞争，企业为了获得更大的生存空间，必须进行自我变革，必须推进企业经济管理的创新。有很多企业经营实践表明，由于缺乏先进的经济管理制度致使企业内部控制一直难以有效落实。目前，不少企业的内部控制目标定位偏低或者脱离实际，而且这些目标往往过于形式化，没有办法保证企业内部控制运作的高效性和规范性，使企业的协调机制无法统一化，最终导致企业经营效益的下降。

（二）企业进行经济管理创新的途径和方法

1. 以先进理念为指导思想

探索新形势下企业进行经济管理创新的途径和方法，必须有先进的理念作为指导。只有在先进理念的指导下，才能够确保经济管理制度创新方向和原则的正确性，才能够保证企业的创新规划符合企业的根本发展战略，才能够保证企业制定出科学的、合理的管理策略和执行方法。

具体而言，在企业进行经济管理创新中贯彻先进理念，必须做好以下两点。

第一，坚持上下结合的理念贯彻路径。企业的管理层和领导者需要自觉地掌握先进理念，作为企业发展的领头人，他们的经营理念是否先进将会直接决定企业未来的发展状况；同时，企业员工作为企业数量最多的集体，他们是执行先进理念的一线人员，他们的理念是否先进，将会直接影响企业各种管理制度、经营方针的执行效果。因此，贯彻和落实先进理念需要企业高层和企业基层共同努力，让企业的全体人员均能够以先进的理念创新企业经济管理，并高效执行各种相关政策。第二，要勇于破除旧理念。破除旧理念需要极大的勇气和卓越的见识。企业领导层在逐步纠正旧理念的过程中，需要循序渐进，坚持步步为营，让企业组织在彻底消化一部分新理念的基础上来逐步推动新理念的完全落实，避免因为行动的过激和过急导致企业无所适从。

2. 实现经济管理制度的完善与创新

经济管理制度的完善与创新能够让企业经济管理的改革持久发挥作用，这是在探索企业经济管理创新过程中总结出的重要经验。企业经济管理的创新成果需要通过制度的建立来进行巩固。完善和创新相关制度，企业必须学会通过建立约束性条款的方式让企业自身和全体员工依照相关规定自觉运行，并密切企业和全体人员之间的联系。为了激发企业潜在的创新能力，需要构建起全面、有效的激励体系，让员工的各种有益创新行为能够得到奖励，形成示范效益，进而增强整个企业的创新氛围和创新活力。另外，与制度创新相匹配的组织建设和组织创新也应该同步进行，让组织成为制度得以落实的有力载体，推动企业的全面可持续发展。

3. 强化企业的内部控制管理

第一，加强对企业各部门的调控。企业的内部控制是企业经济管理中重要的组成部分。第二，完善企业监督体系。随着市场经济的发展，完善一定的财务内部监控工作，对于竞争激烈的市场经济体制有着不可估量的作用。实行内控机制，使企业各部门的态度更加认真、负责，从而避免各种不合规章制度的行为发生。

4. 提高企业的信息化技术实力

信息化技术是实现经济全球化和经济一体化的基本保证，是当代社会化生产高速发展的首要条件之一。通过有效降低成本和加快技术的革新，帮助企业转换经营机制以及推行现代企业制度，来增强企业产品的市场竞争力。当前企业信息化实现的标志之一就是对信息的快速反应能力，其是企业检验整个企业效率和产业链在市场的竞争力的重要指标。实现企业信息化，既是社会改革的需求，也是企业适应市场发展的需要。随着信息化技术的不断发展，企业内部的改革不断地深入，绝大部分企业的经济管理方式也在不断创新。为在未来竞争更加激烈的市场站稳，企业必须变革经济管理方式，加强管理信息化方面的建设是未来必然的选择和出路。

在新的历史形势下，企业的经济管理制度必须与时俱进，适应不断变化的客观环境，满足企业在新环境下的发展需求。因此，创新企业经济管理制度，必须高度契合企业的发展宗旨，有清晰、明确的经营目标和管理措施，能够保证获取完成企业发展目标的各种必需资源。

二、企业经济管理创新中存在的主要问题

对一个企业而言，创新能够使其适应内外部环境的变化，打破系统原有的平衡，创造企业新的目标、结构，实现新的平衡状态，可以说，没有创新就没有发展。特别是在当前市场波动剧烈、企业生存压力大的背景下，企业只有进行经济管理的创新，才能将企业的计划、组织、领导、控制等职能推进到一个新的层次，适应环境的变化，赢得竞争的优势。

（一）企业经济管理创新重形式、轻落实

创新的重要作用已经得到了企业上下的普通认可，但在如何落实方面，许多企业还存在着重形式、轻落实的问题。一是管理层缺乏对经济管理创新的认识。当前企业管理者往往将更多的精力投入在企业设备升级、人力资源培养等方面，对企业经济管理创新缺乏全面的认识，使创新的力度不够，效果不佳。二是工作人员缺乏对企业经济管理创新的动力。管理人员往往依照企业传统的管理模式和经验，对企业经济管理创新缺乏必要的认识，在工作中照搬照抄以往的方式，创新力度不足。三是企业上下缺乏企业经济管理创新的氛围。企业整体创新氛围不浓，特别是一些中小企业，其多为家族式、合伙式的模式，没有将创新作

为企业发展的最核心动力并加以落实。

（二）企业经济管理创新缺乏人才支撑

人才是企业经济管理实施的关键。但在实际工作中发现，企业管理工作人员存在着不少问题，影响了创新的推进。一是观念不清。许多人员将创新作为企业管理层的行为，而对自身的作用没有充分的认识，往往是被动式地工作，也对能否更好地提高工作质量没有足够认识。二是动力不足。企业对员工创新的鼓励措施不到位，没有充分调动员工的积极性，影响其作用的发挥。三是监管不得力。企业内部管理不规范，对管理行为没有给予科学的评估标准，干好干坏的差距不明显，造成了企业管理的效益低下。

（三）企业经济管理创新缺乏必要保障

企业经济管理活动是一个涉及企业方方面面的系统工程，其创新的实现需要一定的条件作为保证。但在实际的工作中，许多企业由于缺乏必要的保障，导致创新难以实现。一是管理组织不合理，一些很好的创新方法难以得到有效的落实，也造成企业经济管理效率不高。二是管理评价不科学，使相关人员工作标准不明确，影响了工作的质量和效果。三是缺乏必要的奖励机制，许多企业照搬照抄其他企业经济管理创新的经验，不能针对自身的特点改进奖励措施，造成了经济管理的效益低下，企业也没有对一些有一定价值的创新模式加以落实，对相关人员给予的奖励不足，造成员工对企业经济管理创新的兴趣不足，影响了企业管理的开展。

三、企业经济管理创新应把握的重点环节

企业经济管理作为企业一项核心工作，其创新的价值对企业发展具有重要作用，因此要抓住重要的环节，以点带面促进企业管理质量的跃升。

（一）观念创新是基础

企业经济管理必须紧密结合市场发展的变化和企业现实的特点，而不能一味地沿袭传统的模式，因此要在观念上树立与时俱进的意识。一是管理层要树立

创新是核心的意识，就是要求企业经济管理层要将创新作为企业管理的重点，将创新作为考评员工工作质量的重要依据，为其提供良好的外部环境。二是工作人员树立创新是职责的意识，就是要培养其创新的内在动力，使其将随时改进管理模式、创新工作方法作为工作的重要职责，加以贯彻落实。三是员工要树立创新是义务的意识，就是要积极鼓励普通员工加入企业经济管理创新的活动中，集思广益，实现企业经济管理质量的提升。

（二）技术创新是保障

要发挥当前科技进步的优势，将计算机、网络、自动化平台等先进的设备加入企业经济管理活动中。一是建立完善的管理数据库。企业经济管理涉及企业的方方面面，因此建立完善的数据库能够有效地提高管理的质量和效益，为管理人员提供精确的数据，促进管理质量。二是建立有效的管理平台。要建立科学的互动平台，能够让员工有通畅的渠道反映问题、提出建议，为企业经济管理工作的改进提供支持，如建立企业论坛、聊天群等。

（三）组织创新是关键

组织模式代表了一种对资源的配置方式，包括对人、财、物等资源及其结构的稳定性安排。特别是在当前信息量大、市场变化剧烈的环境下，如何建立适应市场要求满足企业发展需要的经济管理组织模式，成为企业管理创新的关键。因此，一是建立精干的经济管理组织，就是要通过职能分工细化等方法，结合先进的科技手段建立精干的经济管理组织体系，摆脱传统的机构臃肿、人浮于事的问题。二是培养核心的团队精神，就是要通过企业文化的影响、管理结构的改变，提高企业经济管理人员的凝聚力、向心力，形成企业管理的合力，为创新的落实提供可靠保证。三是树立高效的组织形式，就是通过分工合作、责任追究等方法，促进企业经济管理模式的改变，建立高效、务实的管理特点。

（四）人才培养是核心

一是加强现有人员的培养。对企业现有的经济管理人员可以通过在职培训、脱岗培训等方式，提升其素质，将创新的观念渗透到其思想，促进管理质量提高。

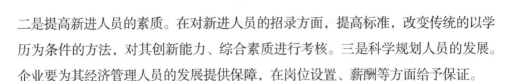

二是提高新进人员的素质。在对新进人员的招录方面，提高标准，改变传统的以学历为条件的方法，对其创新能力、综合素质进行考核。三是科学规划人员的发展。企业要为其经济管理人员的发展提供保障，在岗位设置、薪酬等方面给予保证。

四、网络经济下企业财务管理的创新

财务管理作为企业经济管理的重要组成部分，面临着自身能否快速跟上新技术、适应网络经济的挑战。下面以网络经济下企业财务管理的创新为例进行论述。

随着网络通信和多媒体技术的迅速发展，互联网企业等新的企业系统应运而生，网络经济逐渐形成。网络经济改变了人们传统的资本、财富和价值观念，使财务管理的环境发生了变化，给企业参与市场竞争带来了新的机遇与挑战，对企业经营管理全面创新将发挥重要的推动作用。

（一）财务管理目标的创新

网络经济的重要标志之一是人类生产经营活动和社会活动网络化。财务管理必须顺应潮流，充分利用互联网资源，从管理目标、管理内容和管理模式进行创新。传统财务管理目标以"利润最大化"、"股东财富最大化"或"企业价值最大化"为主，它是基于物质资本占主导地位的工业经济时代物质资源的稀缺性和使用上的排他性等原因产生的，体现了股东至上的原则。然而，在网络经济下，人力资源、知识资源在企业资源中占主导地位，企业相关利益主体发生了改变，若财务管理的目标仅归结为股东的目标，而忽视其他相关主体，必然导致企业相关主体的冲突，最终损害企业的利益和财务管理内容的创新。

1. 融资、投资创新

在传统经济形式下，企业的融资是指以低成本、低风险筹措企业所需的各种金融资本，投资主要指固定资产投资和项目投资。而在网络经济下，人力资本、知识资本的管理是企业财务管理的重心。因此，企业的融资、投资重心将转向人力资本和知识资本。目前，在网络经济下企业的竞争是人力资本和知识资本的竞争，谁拥有了人力资本和知识资本，便拥有了发展、生产的主动权。因此，筹集知识资本和储备人力资本将成为网络经济下财务管理的重要环节。

2. 资本结构优化创新

资本结构是企业财务状况和发展战略的基础。网络财务中资本结构优化创新包括以下几个层面：一是确立传统金融资本与知识资本的比例关系；二是确立传统金融资本内部的比例关系、形式和层次；三是确立知识资产证券化的种类、期限，非证券化知识资产的权益形式、债务形式以及知识资本中人力资本的产权形式等。通常情况下，企业资本结构的优化创新是通过投资与融资管理而实现的。只有优化资本结构，使企业各类资本形式动态组合达到收益与风险的相互配比，才能实现企业知识占有与使用量的最大化。

3. 收益分配模式创新

在网络经济下，企业资源的重心转向人力资源和知识资源，有知识的劳动者成为企业的拥有者。企业的资本可分为物质资本和知识资本。企业的拥有者发生了变化，收益分配模式必然发生变革。收益分配模式由传统的按资分配变为在企业的物质资本和知识资本的各所有者之间分配，按照各所有者为企业作出的贡献和承担的风险进行分配。

4. 财务管理模式的创新

在互联网环境下，任何物理距离都可能变成鼠标的距离，财务管理的能力可以延伸到全球任何一个节点。财务管理模式只有从过去的局部、分散管理向远程处理和集中式管理转变，才能实时监控财务状况以回避高速度运营产生的巨大风险。企业集团利用互联网，可以对所有的分支机构实行数据的远程处理、远程报账、远程审计等远距离财务监控，也可以远程监控库存、销售点经营等业务情况。这种管理模式的创新，使企业集团在互联网上通过网页登录，即可轻松实现集中式管理，对所有分支机构进行集中记账，集中资金调配，从而提高企业竞争力。

（二）网络经济下企业财务管理的缺陷

网络经济是以互联网为载体而运行的经济形式，也是电子商务充分发展的经济。由于经济活动的数字化、网络化，出现了许多新的媒体空间，如虚拟市场、虚拟银行等。许多传统的商业运作方式将随之消失，取而代之的是电子支付、电子采购和电子订单，商业活动将主要以电子商务的形式在互联网上进行，使企业购销活动更便捷，费用更低廉，对存货的量化监控更精确。这种特殊的商业模式，使企业传统的财务管理的缺陷暴露无遗。

在网络环境下，电子商务的贸易双方从贸易谈判、签订合同到货款支付等，无须当面进行，均可以通过计算机、互联网在最短的时间内来完成，使整个交易远程化、实时化、虚拟化。这些变化，首先对财务管理方法的及时性、适应性、弹性等提出了更高要求；并使企业财务分析的内容和标准发生新的变化。传统财务管理没有实现网络在线办公、电子支付等手段，使财务预测、计划、决策等各环节工作的时间相对较长，不能适应电子商务发展的需要。另外，分散的财务管理模式不利于电子商务的发展，不能满足新的管理模式和工作方式的需要。

财务管理传统的结算资料主要来自财务会计的成果，借助经济数学和统计学的一些基本方法，对以财务报表为核心的会计资料进行处理，并据以预测未来经济条件下企业可能达到的损益状况。而在网络环境下，电子商务能在世界各地瞬间进行，通过计算机自动处理，企业的原料采购、产品生产与销售、银行汇兑等过程均可通过网络完成。

然而，在网络经济下财务管理不可避免地会出现新风险。首先是网络交易安全问题。互联网体系使用的是开放式的 TCP/IP 协议，并且以广播的形式进行传播，交易用户通过互联网进行交易时信息很容易被窃取和篡改，另外，由于采用无纸交易，即使是合法身份的交易人也可能会抵赖交易，从而给网络交易安全带来极大威胁。其次是传统的财务管理多采用基于内部网的财务软件，没有考虑到来自互联网的安全威胁，而企业财务数据属重大商业机密，如遭破坏或泄露，将造成极大的损失。

（三）网络经济下财务管理创新的实施构想

网络经济的兴起，使创造企业财富的核心要素由物质资本转向人力资本和知识资本。因此企业财务管理必须转变观念，不能只盯住物质资本和金融资本。首先，企业财务只有坚持以人为本的管理，充分调动员工的积极性、主动性和创造性，才能从根本上提升企业财务管理的水平。其次，企业财务人员必须树立正确的风险观，善于观察和面对复杂的竞争环境，能够科学准确地预测市场环境下的不确定因素。最后，要重视和利用知识资本。企业既要为知识创造及其商品化提供相应的经营资产，又要充分利用知识资本，使企业保持持续的利润增长。

在以数字化技术为先导的网络经济下，财务管理创新的关键是对网络技术的普及与应用，而对财务人员进行网络技术培训，可提高财务人员的适应能力和创新能力。因为，对于已拥有经济和财会理论基础的财务人员来说，学习现代网络技术就可将经济、财会、网络有机地结合起来，从多角度分析新经济环境的需要，制定合适的财务策略。同时，通过技术培训可使财务人员不断汲取新的知识，开发企业信息，并根据变化的理财环境，对企业的运行状况和不断扩大的业务范围进行评估和风险分析。只有这样，财务管理人员才能适应网络经济发展的要求，实现财务管理的创新。

第二节　现代企业经济管理的创新内容及方式

随着市场经济形势的变化，企业有必要进行革新以此促进自身发展。在企业的运行过程中，企业经济管理占据着重要的位置，发挥着重要的功能。以前的经济管理模式已经无法适应快速发展的社会需求，企业要想在竞争激烈的市场中获取自己的一席之地，就必须在管理体制方面有所创新。企业发展要符合现代社会的发展方向，可以采取内部控制和外部发展相结合的方法，在管理观念方面有所更新。

一、现代企业经济管理的特征

企业的经济管理是一门比较复杂的工作项目，本身具有一定的综合性和专业性，开展工作的主要形式是利用价值原理来对企业中的经济事务进行管理，提高企业的效益和管理质量。和企业中其他的管理项目不一样，经济管理在工作时必须以价值的形式为主要基础，在企业的现有客观条件以及经营的过程和结果上，利用科学的管理方法进行合理的规划，使企业在发展中可以获取较大的效益，尽量达到预期目标。

企业在进行经济管理的过程中，将企业在运转中的各种状况经过科学的计算，通过数据的形式表现出来，形成表格或者是数据报告，这样企业领导层在进行重大决策时，就可以通过这些数据的分析来对企业的现状和未来的发展趋势有所掌握，从而作出正确的有价值的判断。随着国内和国际经济形势的转变，企业在进行经济管理时，相应的模式和目标都会发生改变，这样才能够和时代相协调，和经济发展趋势相统一，才能够有利于企业的发展，在竞争激烈的市场中发挥得更稳定。

一个企业所进行的经济管理活动是贯穿企业发展始终的，从开始的生产加工、经营管理到后期的售后服务等都发挥了重要的作用，在现阶段的企业管理中，所有一切和资金有关的活动都与经济管理工作有关系。从目前国内企业的经济管理模式来看，经济管理工作的覆盖范围非常广泛，企业中凡是和经济有关联的活动，都在经济管理工作的范畴之内。

二、企业经济管理工作创新的意义

当前，我国很多企业面临着较大的竞争压力，一些企业的经营管理模式缺乏科学性，没有完善的内部控制制度，还有的企业工作成员更换频繁，没有完善的制度保障工作人员的权益，一些企业的领导人和决策机构思想观念较为保守，对新兴事物并不敏感，这些都成为制约企业健康发展的重要原因。因此，提升企业管理工作水平，节约企业资金成本是当前我国很多企业重点关注的问题。随着科技水平的不断进步，许多高科技技术深远地影响着人们的生活，企业只有加大对高科技技术的引进力度，改良企业信息化管理模式，才能适应科技迅速发展为市场带来的新变化，保证企业的顺利发展。另外，经济全球化已经成为对各个企业影响深远的问题，如果经济管理工作质量不高，我国企业将在国际上失去竞争力。因此，我国企业应该认识到经济全球化给企业带来了重要机遇和巨大挑战，提高对经济管理方法创新的重视，提高经济管理工作的水平，使企业获得更好的发展。

三、企业经济管理的创新内容

（一）企业技术的创新

企业的发展离不开技术创新，在技术创新中有新发明和创造，那么这些技术创新的研究过程以及实际的应用过程都是经济管理创新的内容，其中还包括将这些成果转化成实际生产力的过程，将这种技术创新推广到市场中的过程。

企业的领导者和决策机构必须认识到，完善的经济管理创新，必须依靠技术创新，只有企业根据发展的需要研制出具备一定科技含量的产品，企业才能够获得市场竞争力，保证企业的健康稳定发展。因此，企业要将技术研发机构的工作，作为经济管理工作的重要部分，不仅要保证及时资金供给，采取科学有效的方法控制企业技术研发资金成本，还要采取科学的方法将企业研发出的最新技术尽快投入生产工作中并获得经济收益，使企业真正获得充足的市场竞争力。

（二）企业制度的创新

制度创新是指引入新的制度（组织的结构与运行规范）安排，大的如整个国家的经济体制，小的如具体企业的组织形态、运行机制。制度创新实质上也归结为管理问题。

企业领导者要注重最新制度的引进，新制度主要指企业的经营管理制度，无论是企业日常组织活动所依靠的基本制度，还是根据国家最新经济政策而制定的企业发展所要秉承的制度，都属于企业经营管理制度。随着我国市场经济改革的不断深入，很多企业都不能再像以往那样拥有固定的利益，企业面临优胜劣汰的市场竞争，不可能享有竞争方面的特权，因此，企业必须根据我国经济发展的现状，创新企业经营管理制度，使企业的制度更加适合当前我国经济发展的需要，企业才能获得更加广阔的发展空间，创造更高的经济效益。

（三）企业组织的创新

经济组织与社会组织都必须随着形势的变化而创新。在以往的管理理论中往往把企业视为生产函数，从而把组织创新看作技术创新。其实，这只是说明技术创新对组织活动所作的要求，而不是组织创新本身。就其组织本身而言，组织创新是指组织规则、交易的方式、手段或程序的变化。这种变化可分为两类：一类是不改变原有规则结构的组织度量式创新；另一类是根本改变规则结构的彻底性创新。

（四）企业文化的创新

企业文化是现代管理的重要资源，反映企业的经营理念与向上精神，对统一员工思想、规范员工行为、指导市场竞争等具有重要的作用。企业文化创新，就是要在不断发展与变化的市场环境中，将富有时代感的优秀元素注入企业文化中，特别是要注重企业在市场竞争与发展中的好的做法、好的理念和企业各方面具有创新精神的举措，从而结合企业与时代两方面的优势，构建良好的企业发展环境，凝聚人心，为企业的进一步发展奠定基础。市场经济要想成熟，就必然需要深厚的文化内涵，文化的基础不牢固，企业的发展也就不具有可持续性。一个企业的文化能够引领全体员工，团结一致，为了企业的目标而努力共享，最终促进企业的发展。企业要在企业文化的引领下，培养员工自强不息、坚韧不拔的精神，不断丰富企业文化，并使员工在实践企业文化的过程中，勇担重任，成就自己的理想，实现个人与企业的共同成长。

（五）企业经济管理机制的创新

企业经济管理机制的创新是指改变原有的员工管理方式，提高企业员工素质，以实现节约经济成本、提高经济效益的目的。首先，企业的领导者和经济管理机构要加强对新型经济管理机制的学习，企业要组建专业学习交流团队，前往发展状况良好的大型企业学习最新经济管理经验。要深刻认识到我国经济社会的快速发展对人们思想观念带来的改变，从而以创新的思维对企业原有经济管理机制进行革新，可以邀请经验丰富的企业经济管理工作者对企业经济管理机构的工作人员进行专业技能培训，使每一位企业管理者充分学习到科学的管理技能。要对企业经济管理机构工作人员的专业技能和专业技能学习情况进行考查，对能够按要求完成学习工作并通过新型经济管理技能提升了企业经济管理水平的工作人员要进行必要的物质奖励和精神奖励，使其再接再厉，继续加强新型企业经济管理技能的学习，为企业的教育活动起到模范作用。对没有严格按照企业要求进行经济管理技能学习或经济管理工作效率低下的工作人员，要进行必要的经济惩戒，使其加强对学习活动的重视，切实认识到创新经济管理机制对企业发展的重要意义，从而加快转变企业经济管理方式，提升管理效率，为企业经济管理机制的转型作出更大贡献。

管理创新的目标是通过改变组织中人员的行为来提高组织的绩效。在以人为中心的组织创新方式中，经济管理人员致力于改变人员的态度，修正人员的行为，从而提高工作绩效。在以组织自身为中心的组织创新方式中，主要是通过经济管理人员修正组织机构、改变技术、增强沟通、改变奖励办法、改善工作环境等来改变人员的行为。

（六）企业市场的创新

进行企业经济管理创新，最终要落实到企业市场创新上来，市场反应是检验企业经济管理创新成果的唯一标准，企业要根据市场现状，分析全球化时代市场的走向与消费者需求趋势，坚持以市场为导向，坚持客户至上，进而为企业的市场开拓与市场维护提供明确指导意见与创新性市场解决方案，以提升企业的市场开拓能力，为企业赢得消费者，做到行业领先、国际一流。

四、企业经济管理工作的创新方式

（一）提高企业对经济管理工作的控制能力

财务管理工作是企业管理工作的重要组成部分，企业应该探索新的财务管理模式。例如，可以考虑将预算作为财务管理工作的核心，对企业经营发展的全部过程实施有效的监督管控，随时对企业经营发展过程中的问题进行更正，以便企业完善财务管理机制。企业要将企业全部工作流程纳入财务管理范围内，以便对企业各个领域实施全方位的经济管理，使企业的全部员工有机会了解经济管理工作的具体情况，并积极主动地参与经济管理工作，促进企业的更好发展。

（二）开展教育活动，转变思想观念

企业要对经济管理工作人员开展专题教育，使每一位经济管理工作人员切

实转变思想观念，改变自己的工作方式。企业要为每一位经济管理工作人员提供创新机会，定期组织经济管理工作人员前往其他企业与同行进行经验交流，使每一位经济管理工作人员了解到其他企业工作人员的经济管理经验，以便丰富自己的阅历，增长自己的创新经验。在教育活动中，企业要将战略创新的概念对经济管理工作人员进行讲述，战略创新需要企业的经济管理工作人员具备充分的全局意识，在经济管理工作中，要将提升企业竞争力作为工作的重点，使企业在激烈的市场竞争中占据主动地位。

（三）完善企业经济管理制度

企业经济管理工作的创新必须首先加强对制度的创新，完善的经济管理制度，是经济管理工作创新的基础，企业管理制度的创新工作的重点是使企业能够科学地进行企业资源整合，要使企业的运行机制更加高效，工作人员的工作积极性和工作责任感大幅提高，还要为企业的工作人员提供良好的创新机会，使每一位工作人员积极主动地参与到创新活动当中，为企业赢得更高的竞争力。企业要加快完善经济管理工作监督机制，鼓励每一位企业员工参与到经济管理监督工作当中，赋予每一位企业员工监督的权力，并及时完善举报制度，让企业员工在日常工作中对经济管理机构工作人员的工作进行全程监督，使每一位经济管理人员认真对待工作，避免经济管理失误而出现资金损失。要采取人性化手段对经济管理制度进行改良，经济管理制度不能仅仅为提高企业管理水平起到作用，也要为企业管理机构的工作人员提供方便，使每一位经济管理工作人员能够轻松愉悦地进行每一项工作，确保工作人员的身心健康。企业还要根据企业的发展现状随时完善企业经济管理制度，不能建立了较为完善的经济管理制度之后就忽视了对经济管理制度的再创新，要不断完善企业的经济管理制度使其能够适应企业发展的新情况。

第三节　现代企业经济管理的创新策略

一个企业的精髓所在就是该企业的经济效益，这不但是判断某个企业运行是否良好的关键标准，而且是企业之间相互竞争的依据，而提高资金使用效率正是提高经济效益的前提条件。因此，加强企业管理，提高资金使用效率，在企业经营的过程中占据着核心地位，是每个现代企业不可忽视的一个重要问题。

随着经济全球化与一体化进程的不断加快，市场竞争日益激烈，企业要想在竞争中脱颖而出，必须不断更新设备设施，提高经济管理水平，不断创新，让企业的经济管理更好地服务于生产经营。

一、企业经济管理创新的重要性

随着现代企业的不断涌现，企业经济管理方面的经验也在不断得到积累和丰富，对于企业所面临的种种问题也在各个企业精英的思考和探索中得到解决。当下，对于如何加强企业经济管理、提高资金使用效率也正是众多企业亟待解决的一个重大问题。

（一）经济改革的要求

企业经济管理作为优化和整合企业资源的重要手段，从一定程度上来讲，可以将其看成一种生产力的表现形式。当今市场经济处于高速发展的时期，科学技术的更新日新月异，知识经济和互联网经济在当今社会中的作用也不断凸显，企业在新经济时代下，如果不加强经济管理创新，就会落后于其他企业，不能适应时代发展和市场经济的发展，在竞争中也会处于不利地位。

（二）企业发展的需求

对于不同的企业而言，其经营环境和管理体系是不同的，但是影响企业经营环境和管理体系的因素是基本相同的。首先，企业经营环境和管理体系都受到了全球经济化趋势日益加强的影响；其次，受到了以知识经济为主体的新经济发展形势的影响；最后，还受到了互联网技术发展的影响。在外部环境逐渐开放的影响下，企业在国际市场中的竞争压力也越来越大。就当前来说，新经济环境和新经济形势对企业既是挑战，也是一种机遇，企业要加强竞争实力，必然要进行经济管理创新，才能不断地发展和进步。

二、企业经济管理的职能

随着企业各项制度的不断完善，组织结构的不断建立健全，作为企业管理核心内容之一的经济管理，其具体的管理和职能也在发生着变化。企业的经济管理职能是指企业的经济管理通过企业的再生产环节而体现出来的所具备的功能。具体来说，经济管理的职能由两方面的内容决定，一方面，是指财务工作本质的影响；另一方面，是指来自管理的理论和实践发展的影响。由于现代社会的经济利益体制及关系的逐渐丰富，企业给经济管理划定的范围逐渐扩大，这也给经济管理的职能赋予更多的可能和更大的权限。经济管理的主要职能体现在以下几个方面：首先，财务计划职能，主要体现为规划和安排未来某一个时间段的财务活动；其次，财务组织职能，主要体现为科学地对财务系统中相关的各种因素、各个部分等按照一定的顺序和关系进行合理的组织整理；再次，财务控制职能，这一职能的设立是十分有必要的，这是为了实现对财务工作中的失误和偏差的及时发现和改正；最后，财务协调职能，这是为了避免一些不必要的财务纠纷，利用各种合理的财务协调手段和途径等来维护企业良好的配合关系，以及良好的财务环境。经济管理自从被企业管理独立划分并广泛使用以来，其职能得到了相当快速的发展。

三、当前企业在经济管理中存在的问题

（一）缺乏有效的经济管理控制

企业在经济管理中虽然制定了相应的管理制度，但是这些经济管理制度在实际管理过程中没有得到很好的应用，缺乏执行力度，大多流于形式，不能有效发挥价值。面对当前经济发展形势，企业管理制度与企业实际经济水平相比缺乏均衡，经济管理制度对于企业经济发展过程中存在的一些问题不能及时有效地处理。

（二）企业管理组织结构存在问题

企业在经济管理组织上还比较松散，缺乏战斗力。企业要实现良好的经济

管理，发挥好经济管理的作用，离不开专业的经济管理人员。但是，就当前企业来说，在经济管理上还存在经济管理组织机构中专业不完善等问题，企业管理人员综合素质也不高，这些因素都严重地影响了企业管理质量的提高，也制约了企业的发展。

（三）企业在经济管理观念上比较滞后

企业经济管理观念直接影响到企业经济工作的开展，在传统的企业经济管理中，企业更为重视如何实现利益的最大化，忽略了以人为本的管理理念。在新的企业管理中，要求在重视企业利益的同时，也需要坚持以人为本的管理理念，在实现企业可持续发展目标的前提下，推动企业经营效益的最大化。当前部分企业经营管理者并没有认识到这一点，使企业管理和发展比较粗放。

企业经济管理创新必须重视经济管理制度创新，因为制度能够约束企业管理。经济管理制度的创新不但能够采用约束性的条款，让企业在市场经营中形成一个高效的经济团体，建立企业内部经济团体构架，在企业自己承担盈亏的前提条件下，让企业产品开发处处体现创新，展示活力。而且企业管理的制度创新还能够在企业内构建激励体制，使企业的发展不受限制与约束的阻碍，也避免因为企业过度开放而出现的种种风险。除此之外，企业经济管理的制度创新的规划、协调与控制要以企业的日常生产经营为依据，形成企业全面的经济管理制度格局。要将制度创新在企业生产经营中科学合理计划组织，提升企业经济管理制度的约束和控制能力。

四、现代企业经济管理中的创新策略

（一）企业经济管理理念创新

思想观念的转变、思想理念的创新都是企业经济管理理念创新的先导，要正确理解企业经济管理理念创新的概念，切实贯彻理念创新。纵览我国企业现状，陈旧的经济管理理念仍阻碍着我国企业经济管理的发展，大部分企业经济管理者思想观念落后，思想更新意识薄弱，竞争意识、危机意识不强。所以，企业要大力倡导理念创新，把理念创新视为经济管理创新的根基，其他管理创新机制都要以理念创新为指导。企业经济管理理念创新不仅纠正了陈旧的、过时的思维模式，还通过独特的视角、思维方法、管理机制为企业经济管理创新提供指导，在企业里树立创新管理与科学管理的理念，真正做到创新管理，让企业的生产经营在理念创新的道路上越走越远。

（二）加强对企业经济管理理念的创新

企业要实现经济管理的创新，首先就要实现对企业经济管理理念的创新。企业只有掌握了先进的经济管理理念，才能更好地带领企业的员工实施创新活动。企业高层领导对此也要引起重视，可以在企业内部营造一种积极向上的创新环境，让所有员工在创新氛围的感染下，积极地学习和创新，掌握必要的创新知识和创新能力。在当前市场经济环境发展的新形势下，企业在市场中的竞争压力也越来越大，因此，企业应该建立一种危机意识和制定战略管理机制，从市场环境出发，结合企业当前存在的实际问题，做到统筹全局。

（三）加强对企业经济管理制度的创新

企业要实现管理，离不开企业制度的支持，企业在经济管理创新中，也受到企业管理制度的制约。因此，企业要实现经济管理的创新，就要加强对企业管理制度的创新。首先，应该坚持以人为本的人性化管理机制，为企业员工创造良好的发展条件，加强对人力资源管理的重视，完善人力资源管理制度，建立健全的监督机制和决策机制，并让企业所有员工积极参与进来，调动员工工作的积极性。

（四）加强对企业经济管理组织模式的创新

在企业经营发展的过程中，经济管理组织在其中发挥着巨大的作用，可以提高企业经济管理效益。因此，企业要认识到企业经济管理组织模式的重要性，加强对经济管理组织模式的创新。首先，在经济管理组织的建设上，要实施柔性化的管理方式，促进经济管理组织的多样化；其次，要实现企业经济管理模式的扁平化，简化企业组织层次，提高企业经济管理效益；最后，要促进虚拟化经济管理机制的建立，借助先进的计算机技术对经济管理组织进行合理的规划，实现对经济管理信息的整合，从而建立起一种无形的经济管理机制，促进企业经济的发展。

随着经济全球化进程的加快和市场经济改革的完善，企业也面临着巨大的竞争压力。创新作为企业发展的基本动力，在当前经济发展的形势下，也是企业提高竞争实力的基本途径。企业要想在当下获得更好的发展，提高企业在市场中的竞争实力，就必须针对企业当前存在的问题，制定出有效的经济管理创新对策，不断提高企业管理水平。

96

第五章　现代企业人力资源管理的
创新发展

第一节　现代企业人力资源管理的
角色转变

人力资源管理关系到企业的生存和发展，而要充分发挥其作用，不仅要建立一个科学的人力资源管理体系，还要对人力资源管理在企业中的角色有清晰的认识和定位。

一、人力资源管理概述

（一）人力资源的含义

"人力资源"一词最早是由当代著名的管理学家彼得·德鲁克于1954年在其《管理的实践》一书中提出的。他指出，人力资源和其他资源相比，唯一的区别就是它是"人"，并且是企业必须考虑的具有特殊资产的资源。除此之外，许多学者从不同角度给人力资源赋予了不同的含义。从内涵的角度看，主要将人力资源作为一种特殊资源来研究。一般认为，人力资源主要包括两部分：一部分是现实的人力资源，即现在就可以使用的人力资源，它是由劳动适龄人口中除因残疾而永久丧失劳动能力者外的绝大多数适龄劳动人口和老年人口中具有一定劳动能力的人口组成的，包括正在使用的人力资源和暂时未被使用的人力资源两种；另一部分是后备人力资源，即现在还不能使用但未来可以使用的人力资源，主要由未成年人口组成。

（二）人力资源管理的概念及功能

1. 人力资源管理的概念

人力资源管理作为企业的职能性管理活动，其概念的提出最早源于著名的社会学家怀特·巴克于1958年发表的《人力资源功能》一书。该书首次将人力资源管理作为管理的普通职能加以论述。美国著名的人力资源管理专家雷蒙德·A.诺伊在其《人力资源管理：赢得竞争优势》一书中提出：人力资源管理是指影响雇员的行为、态度及绩效的各种政策、管理实践以及制度。加里·德斯勒在《人力资源管理》一书中指出：人力资源管理是指为了完成管理工作中涉及人或人事方面的任务所需要掌握的各种概念和技术。我国台湾著名人力资源管理专家黄英忠则指出：人力资源管理是将组织所有人力资源做最适当的确保（Acquisition）、开发（Development）、维持（Maintenance）和使用（Utilization），以及为此所规划、执行和统治的过程。国内学者还将人力资源管理界定为"对人力这一特殊的资源进行有效开发、合理利用与科学管理"。

综合以上观点，可以认为人力资源管理是基于实现组织和个人发展目标的需要，有效开发、合理利用并科学管理组织所拥有的人力资源的过程。

2. 人力资源管理的功能

人力资源管理的功能是指它自身所具备或应该具备的作用，其主要体现在以下四个方面：吸纳、激励、开发和维持。

（1）吸纳功能是指企业吸引并且让杰出的人才加入本企业。吸纳功能是基础，为其他功能的实现提供了条件。

（2）激励功能是指企业让员工在现有的工作岗位上创造出优良的绩效。激励功能是核心，是其他功能发挥作用的最终目的，如果企业不能激励员工创造出优良的绩效，其他功能的实现就失去了意义。

（3）开发功能是指企业让员工保持能够满足当前及未来工作需要的知识和技能。开发功能是手段，只有让员工掌握了相应的技能，激励功能的实现才会具备客观条件。

（4）维持功能是指企业让已经加入的员工继续留在本企业。维持功能是保障，只有将吸纳的人员保留在企业中，开发和激励功能才会有稳定的对象，其作用才能持久。

3. 人力资源管理的目标和任务

人力资源在所有资源中是最为宝贵的资源，因此人力资源管理是现代管理的核心，人力资源管理水平的高低，对企业的发展、地区和国家经济的繁荣、国家的兴旺发达都有重要的意义。具体来说，人力资源管理的目标和任务如下。

（1）充分调动员工的积极性。人力资源管理的首要目标和任务就是充分调动员工的积极性，做到事得其人、人尽其才、人事相宜，取得最大的使用价值。根据价值工程理论：价值＝功能／成本，即价值等于功能与成本之比。要使价值最大，有四种办法：一是功能提高，成本不变；二是成本降低，功能不变；三是成本提高，功能提得更高；四是提高功能，降低成本。其中第四种办法最为理想，被认为大价值、高功能、低成本。人力资源管理的根本目标就在于此，即使人的使用价值达到最大化，还会使人的有效技能得到最大的发挥。

（2）发挥最大的主观能动性。人的主观能动性的大小，受许多因素的影响。对于企业的员工而言，其主观能动性主要受以下两个方面因素的制约：一是企业价值观念对员工的影响，二是激励因素的强弱对员工行为的影响。人力资源管理的主要目标就是塑造组织良好的价值观念，制定各种激励的制度，因为这些因素时刻影响着每个组织成员能动性的发挥。

（3）人力资源管理在企业管理中的地位。人力资源管理是企业管理的中心，它关系着现代企业的生存和发展，决定着企业的成败与命运。这是因为企业中产、供、销、财、物等各个环节的正常运行都要靠人来完成。机器要工人来开动和操纵，原材料要采购人员来订购，产品也要销售人员的工作才能推销出去。只有抓住"人"这个中心环节，搞好人力资源的管理，企业才能维持正常的运转。但是，仅仅维持正常的运转是远远不够的。作为一个以经济利益最大化为目标的经济组织，企业只有在激烈的市场竞争中赢得竞争优势才能生存和发展。而人力资源管理正是企业增强核心竞争力，赢得竞争优势的必然途径。

（三）人力资源管理的基本原理

在人力资源管理的理论基础上，经过长期人力资源管理的实践，形成了人力资源管理的基本原理。根据一些学者的研究，目前大家比较认同的人力资源管理的原理主要有以下几点。

1. 同素异构原理

同素异构原理是指事物的构成要素因其排列次序和结构形式的变化会引起不同的结果，甚至发生质的变化。用系统论的原理来分析，组织结构的作用是使人力资源形成一个有机的整体，可以有效地发挥整体功能大于部分功能之和的优势，即人力资源系统通过组织、协调、运行、控制，使其整体功能获得最优绩效的理论。该原理的基本要点是：系统的整体功能必须大于部分功能的代数和；系统的整体功能必须在大于部分功能之和的各值中取最优，系统内的各要素必须和睦相处、和谐合作，整体有奋发向上之力；系统内部的消耗必须达到最小。该原理要求在人力资源管理中使人的群体功效达到最优，这是人力资源管理中最主要的原理。

2. 能位匹配原理

能位匹配原理主要是指具有不同能力的人，应配置在组织内部不同的位置上，给予不同的权力和责任，实行能力与职位的匹配。其基本要点是：承认人的能力有差别；不同能力应赋予不同的权力与职位，应该与其所处的管理层次动态对应；人的能力与其所处的职位不是固定不变的；人的能力与其所处的职位之间的对应程度，标志着社会进步和人才使用的状态改变。该原理要求在人力资源管理中一定的能力必须赋予一定的权力与职位，并且应承担相应的责任。

3. 互补优化原理

人力资源系统中各个个体的能力、性格、见解等存在广泛的差异性和互补性，作为系统整体，完全可以通过使个体间取长补短而形成整体优势，这就是互补优化原理。其互补内容主要包括知识互补、能力互补、气质互补、年龄互补、性别互补、关系互补等。该原理的基本要点是：优化的客观标准是 $1+1=2$，甚至 >2。如果 $1+1=2$，则说明没有优化；若 $1+1<2$，则不仅没有实现互补优化，而且发生了内耗减值。该理论的启示是在目标一致的情况下，充分利用互补优化原理，往往可以收到事半功倍的效果。

4. 动态适应原理

动态适应原理的含义是随着时间的推移，员工的个人状况（包括年龄、知识结构、身体状况等）、组织结构、外部环境等也会发生变化，人力资源管理要适时予以调整，适应各种变化。人与事的不适应是绝对的，适应是相对的，从不适应到适应是在运动中实现的，是一个动态的适应过程。因此，企业应该对人力资源实行动态管理：实施人员的调整、岗位的调整和弹性工作时间；培养员工一专多能的才干，实现岗位流动；实施动态优化组合，实现组织、机构人员的优化。

5. 激励强化原理

激励强化原理是指通过创设满足员工的精神或物质的需要，来强化其努力工作的心理动机，激发员工的潜能，使其主观能动性得到最大限度的发挥，从而实现组织目标的过程。

6. 公平竞争原理

公平竞争原理是指竞争各方遵循同样的规则，公正地进行考核、录用、晋升和奖惩的竞争方式。企业若想使竞争机制产生积极的效果，应该具备以下三个前提。①竞争必须是公平的。企业管理者应该严格按规定办事，一视同仁，给予员工鼓励和帮助。②竞争有度。没有竞争或竞争不够，会使员工和企业缺乏活力，死气沉沉；但竞争过度也会适得其反，使企业中人际关系紧张，破坏员工之间的协作，甚至产生内耗、排斥力，破坏组织的凝聚力。因此，企业管理者应该认真把握好竞争的度。③竞争必须以组织目标为重。企业管理者应该使员工之间的竞争以组织目标为重，有效地把个人目标与组织目标结合起来，个人目标包含在组织目标之中，如果个人目标与组织目标不一致时，不能为了个人利益的实现而损害组织目标。

二、人力资源管理在现代企业中的角色定位

人力资源是企业中最重要的资源，尤其是在知识经济时代的当今，企业要在发展中占得先机，离不开人力资源的作用。人力资源作用的日益凸显使其管理工作也发生了变化。企业的人力资源管理由传统的强调专业职能角色转变为强调战略性。要顺利实现这种转变，就要进行理论、技术和方法方面的研究，更要对人力资源管理在现代企业中的定位进行更新。

目前，对于人力资源管理在现代企业中的角色转变，国内外主要有以下观点。

（一）雷蒙德·A.诺伊等的四角色论

在《人力资源管理：赢得竞争优势》一书中，雷蒙德·A.诺伊等对人力资源管理在现代企业中的角色进行了研究，并总结了这四种具体角色，即战略伙伴、行政专家、员工激励者和变革推动者。

（二）美国国际人力资源管理协会的四角色论

对于人力资源管理在现代企业中的角色，美国国际人力资源管理协会提出了自己的看法。其将人力资源管理的角色定位为四种：人事管理专家、业务伙伴、领导者和变革推动者。

（三）我国企业的六角色论

我国的一些管理咨询企业对我国的人力资源管理进行了研究。它们研究发现，要发挥人力资源管理在现代企业中的作用，为企业发展奠定人才基础，人力资源管理在现代企业中必须扮演关键的角色。

我国企业把人力资源管理的角色总结为六个，分别为专家、战略伙伴、业务伙伴、变革推动者、知识管理者与员工服务者。

1. 专家角色

在现代企业中，人力资源管理者要扮演专家角色，也就是说人力资源管理

者既要是"工程师"，也要是"销售员"。

2. 战略伙伴角色

在现代企业中，人力资源管理者扮演着战略伙伴的角色，也就是说人力资源管理者要具有很强的专业性，对企业的战略和业务非常熟悉，能够为企业和员工提供服务。具体来说体现在四个方面。第一，人力资源管理者要能解读和理解企业的战略，能够思考其对自身提出的要求；要有通过各种方式对企业战略意图的领悟能力。第二，要成为企业战略伙伴就必须熟悉业务，必须了解企业的员工，甚至了解客户。这就对人力资源管理者提出了一定的要求，要求其具有开放性思维，能够从多个角度对人力资源管理问题进行思考。第三，人力资源管理者的专业能力要强，要具有人力资源专业管理能力，能够做好人力资源规划，为企业的战略发展服务。第四，人力资源管理要成为战略伙伴就必须基于客户价值导向，提供人力资源的系统解决方案，既要为高层提供人力资源解决方案，提高人力资源管理在企业战略体系中的地位，也要为员工提供人力资源产品与服务。

3. 业务伙伴角色

人力资源管理者在现代企业中要扮演业务伙伴的角色，也就是说人力资源管理者要善于跟业务部门沟通，将人力资源管理的工作与其他业务相结合，通过自己的工作为其他业务部门解决问题提供方法，从而最终提高业务部门的工作绩效，提高整个企业的生产效率。

4. 变革推动者角色

人力资源管理者还要在现代企业中扮演变革推动者角色，也就是说人力资源管理者要能够主动地推动企业进行变革。企业是需要不断变革的，这是时代的要求，是市场环境变化的要求，也是企业不断发展的要求。企业的变革最根本的是人与文化的变革，人力资源管理者要通过创新机制和体制，改变企业人员的思维和行为，这样才能对企业的变革起到推动作用。

5. 知识管理者角色

在现代企业中，人力资源管理者还是知识管理者。知识对企业是非常重要的，尤其是在知识经济时代，知识可以说是企业最大的财富。企业要善于运用知识，要进行知识创新，这是现代企业发展的关键。而企业对知识的运用与创新，依靠的是人，从这个层面上来看，人力资源管理要做好人的工作，从而做好知识管理，为企业的发展提高整体竞争力。

6.员工服务者角色

人力资源管理不仅要为企业服务，还要为员工服务，只有做到两者利益的统一，才能实现人力资源管理的最大价值。具体来说：第一，人力资源管理要从企业管理者的角度出发，为企业人力资源问题的解决提供方案，处理员工与企业之间的矛盾冲突；第二，人力资源管理还要从员工的角度考虑，维护员工的应用利益，为员工提供人性化支持与服务，帮助其实现自我价值。

三、人力资源管理的职责分担

现代企业对人力资源管理作用的认识越来越深入，对其重视程度也越来越高。但是人力资源管理不只是一个部门的事情，其涉及企业各个部门的人力资源，因此需要各个部门的全力配合。因为涉及的管理者较多，在进行人力资源管理时，需要明确各相关管理者的具体职责，进行明确的分工和定位，从而协调配合做好企业的人力资源管理工作，充分发挥人力资源管理在现代企业的作用。

第二节　网络环境下的现代企业人力资源管理系统

人力资源是企业最重要的资源，关系着企业的生存和发展。尤其是在竞争日益激烈的现代社会，各个企业都非常重视人力资源以及对人力资源的管理。作为对人力资源进行管理的人力资源管理工作，不仅需要为企业选出高质量的能胜任的人才，统一和协调企业与员工的共同利益，还要适应无时无刻不在变化的企业内外环境，从而不断进行调整和变革。如何做好人力资源管理工作，已经成为我国企业必须思考和解决的问题。同时，随着计算机技术及网络技术的发展与应用，现代企业面临着人力资源管理的新形势和新变化，现代企业应该顺应时代潮流和形势发展，利用信息技术，做好网络环境下的人力资源系统管理。

一、人力资源管理系统的内涵

通过前面的论述，我们对人力资源以及人力资源管理的内涵已经有了一定的了解和认识。那么，人力资源管理系统就是进行人力资源管理工作的信息处理系统，这一系统能够收集和加工人力资源信息，并利用信息进行人力资源的规划与预测，从而对企业的人力资源开发管理及相应决策给予一定的帮助。

二、人力资源管理系统开发的客观需求

有需求才会有生产，构建企业开发人力资源管理系统不是心血来潮，也不是无缘无故的，这是由企业的客观需求推动的。

（一）引进先进人力资源管理思想及方法

企业要发展需要做好对各项工作的管理，而要做好管理工作，需要有先进的管理思想和方法。企业有学习先进管理思想及方法的需求，尤其是在关系企业生存与发展的人力资源管理方面。人力资源管理系统是一种科学的管理系统，拥有着先进的管理思想和方法，企业开发这一系统，可以实现管理思想和方法的更新与应用，能够更好地发挥人力资源的作用，也能更好地作出决策。

（二）建立现代人力资源管理模式

企业的管理经过了从实物到资本再到知识的发展。在知识经济时代，信息与知识成为企业的重要资源之一。企业在新的时代背景和形势下，要想获得可持续发展，必须重视知识，做好知识管理。而人力资源管理系统作为一种信息处理系统，在这一方面具有得天独厚的优势。另外，通过开发人力资源管理系统，可以构建现代人力资源管理模式，使企业内部各部门的沟通与信息传递变得更加方便和便捷，提高了企业的工作效率和反应能力，满足了企业构建现代人力资源管

理模式的需求。

（三）提高管理效率，降低管理成本

对于现代企业来说，经济效益是其最根本的追求，也是企业最终的战略目标。企业要追求最大的效益，就要想尽一切办法来提高效率、降低成本，这是企业自身发展的需要。而人力资源管理系统的开发，能够给企业提供即时的相关信息，并能使企业的各项指令快速地向下传达，能够提高企业的管理效率，增强企业面对市场变化的反应能力，能够帮助企业迅速作出决策和进行发展战略的调整。而且，人力资源管理系统作为一种先进的软件系统，为企业节省了一些实物方面的消耗，降低了成本。

三、网络环境下的企业人力资源管理系统的构建

（一）建设思路

在网络环境下，构建企业的人力资源管理系统应该有一定的建设思路，也就是要考虑这一系统应该具备什么功能，能够满足哪些要求。具体来说，现代企业人力资源管理系统的构建思路可总结为：具有高效收集和处理信息的能力，具有易访问和易查询的信息库支持，有利于实现内部招聘的科学管理，尽可能以提高企业管理水平为主要工作目标。

（二）基本模块

根据现代企业人力资源管理系统的构建思路，综合现代企业人力资源管理的理论研究和实践经验，可以将人力资源管理系统的职能模块总结为图 5-1 中的十大系统。

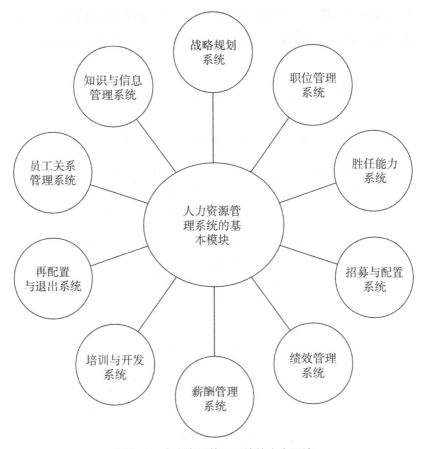

图 5-1　人力资源管理系统的十大系统

从图 5-1 可以看出，十大系统分别为战略规划系统、职位管理系统、胜任能力系统、招募与配置系统、绩效管理系统、薪酬管理系统、培训与开发系统、再配置与退出系统、员工关系管理系统以及知识与信息管理系统。通过具有这十大系统的人力资源管理系统的运行，可以帮助企业做好人才的选择、使用、培育、留用和退出。下面对十大系统进行具体说明。

1. 战略规划系统

战略规划对人力资源管理工作非常重要，能够指导人力资源管理工作的进行。因此，对于人力资源管理系统来说，战略规划也非常重要。具体来说，在人力资源管理系统中设置战略规划系统，有两个方面的考虑。第一，通过战略规划系统，可以实现人力资源规划与现代企业战略规划的衔接，有助于在人力资源管理中实现企业战略。第二，有了战略规划，人力资源管理就有了前进的方向，就能为企业的发展及时甚至提前做好人力资源的准备，为企业的未来发展奠定人力基础。

人力资源战略规划包括五个方面的内容，如图 5-2 所示。

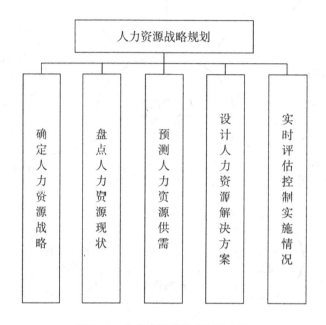

图 5-2 人力资源战略规划的内容

2. 职位管理系统

职位管理系统是人力资源管理系统构建的双轮驱动要素之一，对其他人力资源系统都具有十分重要的支撑作用。不过，这一观点和传统的"人力资源管理基础是职位"有所不同。传统意义的"人力资源管理基础是职位"是说整个人力资源管理基础体系建立在职位上，但是其主要内容是通过职位分析形成岗位说明书，进而为人力资源管理奠定基础。随着现代企业的不断发展，单一的岗位分析已经不能满足企业人力资源管理的需要，同时，岗位说明书对很多企业也已不适用。在这种情况下，企业要从关注单一的岗位到建立职位管理系统，对职位体系进行整体规划、合理分类，形成职位管理系统。

职位管理系统主要包括三个方面的内容：第一，对企业业务结构、组织结构与流程的深刻认识与理解；第二，设计和构建职能、职类、职种体系；第三，设计和构建职位体系。

3. 胜任能力系统

胜任能力系统是人力资源管理系统构建双轮驱动要素中的另一个要素。胜任能力系统为人员的招聘、甄选提供了用人方面的素质要求；为人力资源配置提供了人员配置的标准和依据；为薪酬体系设计提供了最基础的标准、依据和框架。

胜任能力系统不同于传统意义上的胜任力模型，传统的胜任力模型关注的是单一岗位的胜任能力，而胜任能力系统则关注企业的全面胜任能力建设。其主要包括五个方面的内容：第一，全员核心胜任能力建设；第二，管理者胜任能力建设；第三，专业胜任能力建设；第四，关键岗位胜任能力建设；第五，团队结构胜任能力建设。

4. 招募与配置系统

如今，企业的成功越来越多地取决于其服务质量指标的高低以及开发新产品和服务能力的大小。在这一背景下，如何获取适合组织发展的人力资源变得越来越重要。因此，招募和配置系统成为企业人力资源管理系统中重要的一个组成部分，关系到企业是否能够招聘到合适的人员并对他们进行合理的配置。

人力资源的招募与配置的内容如图 5-3 所示。不论具体内容如何，最终都要实现人员甄选的目的，因此职位管理系统和胜任能力系统是这一系统的基础，通过职位管理系统和胜任能力系统，最终为企业选择合适的人力资源。

5. 绩效管理系统

绩效管理是人力资源管理的重要内容，因此，人力资源管理系统中应设置绩效管理系统。绩效管理是一个过程，做好这一工作首先需要对企业的目标和计划有清晰的认识，并要确定一定的标准或指标，通过管理者与员工的沟通交流，将目标传递下去，并根据员工工作完成的情况进行奖惩。企业通过绩效管理可以有效激励员工，也可以有效管理员工。为了完成绩效管理，就需要建立绩效管理系统。通过绩效管理，不仅可以促进企业战略的实施、持续改进企业绩效，还可以提升人力资源管理水平乃至整个企业的管理水平。

绩效管理系统的内容如图 5-4 所示。

图 5-3　人力资源的招募与配置的内容

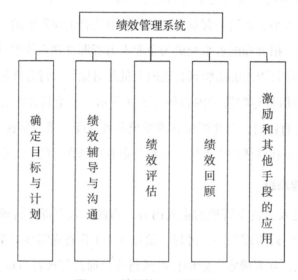

图 5-4　绩效管理系统的内容

6. 薪酬管理系统

一个企业的薪酬是员工最为关心的问题，只有做好薪酬管理工作，才能吸引高水平的人才，才能对现有员工起到激励作用，也才能留住人才。对薪酬进行

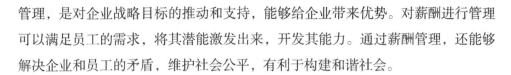

管理，是对企业战略目标的推动和支持，能够给企业带来优势。对薪酬进行管理可以满足员工的需求，将其潜能激发出来，开发其能力。通过薪酬管理，还能够解决企业和员工的矛盾，维护社会公平，有利于构建和谐社会。

7. 培训与开发系统

进入新经济时代，企业生存的环境变得更加纷繁复杂与快速多变，企业经历着前所未有的挑战，这对人力资源培训与开发提出了新的需求。例如，组织持续学习的需求、员工核心专长与技能形成的需求、员工素质能力提升的需求、企业管理者领导力提升的需求，这些需求要求企业要以全球化的视野、从支撑企业核心竞争力的角度去思考和构建企业的人力资源培训与开发体系。同时，有效的培训与开发可以传授给员工与工作相关的知识和技能，提高员工的终身就业能力，从而为企业吸引和留住人才提供支持。

8. 再配置与退出系统

企业中的人员并不是一成不变的，总是会有员工的退出和更新，这是由事物发展的必然性决定的。员工的退出有其个人的原因，也有企业的原因，不管是何种原因，这些都是企业人员新陈代谢、持续发展的需要。人力资源管理系统中设置再配置与退出系统就是从这一工作需求出发的。再配置与退出系统有利于激活企业人力资源的活力，增强在职人员的危机与竞争意识，也有利于企业员工结构的优化。

9. 员工关系管理系统

企业的发展离不开融洽的员工关系，因此员工关系管理也是人力资源管理的重要内容。员工关系就是在各种人力资源管理制度发挥作用的前提下，营造良好的员工关系，为组织的健康发展与绩效提升提供保障。营造良好的员工关系，可以增加企业对优秀人才的吸引力，提高企业人力资源整体水平，还可以增强在职员工的凝聚力和集体观念，激发员工的主动性，有利于提高企业的整体效益。

10. 知识与信息管理系统

在网络环境下，人力资源管理要实现其目标必须依靠信息化，企业要想在激烈的市场竞争中立于不败之地，必须做好知识与信息管理。因此，人力资源管理系统必须包含知识与信息管理系统。知识与信息管理系统的内容如图 5-5 所示。

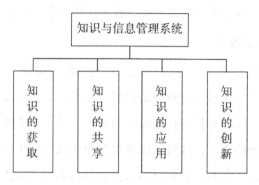

图 5-5　知识与信息管理系统的内容

第三节　现代企业人力资源管理的信息化

一、人力资源管理信息化概述

人力资源管理信息化又称为电子化人力资源管理，其英文是 electronic-Human Resource，简称 e-HR。所谓的人力资源管理信息化，其实就是实现人力资源管理流程的电子化，是指在人力资源管理中运用互联网技术，依靠强大的软件和硬件，以集中式的信息库为支撑处理信息，达到提高效率、降低成本、改进服务的目的的过程。

任何事物都是在不断发展之中的，人力资源管理信息化的概念也是动态的。目前对它的理解主要包括四个方面。

（一）人力资源管理信息化可以提供更好的服务

通过人力资源管理信息化系统，信息的收集更加快速、有效，信息的沟通更加便捷，它能为不同用户提供所需要的信息，为他们的决策提供依据。

（二）人力资源管理信息化可以降低成本

人力资源管理是一项十分复杂的工作，涉及的人员和信息众多，在没有信息化系统的时候，所花费的人力和时间非常多，为企业增加了不少成本，而信息化系统的使用，使信息的收集传递速度大大提高，花费的人力、物力都有所减少，降低了企业的成本。

（三）人力资源管理信息化可以革新管理理念

人力资源管理信息化是一种管理方式的改进，通过管理方式的改进达到革新管理理念的目的，从而实现人力资源的优化。

（四）人力资源管理信息化是先进技术的运用

人力资源管理信息化过程中运用了计算机和互联网技术，依托于强大的软件和硬件，并涉及数据库的使用，这些先进的技术，都有利于企业做好人力资源工作，提高企业的工作效率，也是企业进步的重要体现。

二、人力资源管理信息化的意义

（一）促进了人力资源管理理念变革

人力资源管理信息化不仅能为企业进行人力资源管理带来诸多便利，还能带来先进的管理理念和思想。

1. 人力资源管理信息化转变了人力资源管理理念

人力资源管理信息化在管理方面是开放性的，这对企业以往封闭式的管理是一种革新，对人力资源也是一种优化。人力资源管理信息化使人力资源管理逐渐走向互动、专业和全面，提高了人力资源管理在现代企业中的地位。

2. 人力资源管理信息化转变了管理角色

在以往的企业中，人力资源管理只是简单地提供人力资源信息，人力资源管理信息化的实现，增强了人力资源管理的战略性，使其对企业的意义和价值也更加重要，通过信息化，可以为企业管理者作出决策提供依据，也能为人力资源管理各项工作提供方法和经验。

（二）有效地衔接了人力资源管理与主流管理系统

企业中包含着许多的信息，人力资源的相关信息只是其中一部分，因此人力资源管理信息化也只是企业整体信息化的组成之一。通过人力资源管理信息化，可以与企业其他管理系统衔接，实现人力资源管理的信息与其他信息的融合交流，其他信息可以为人力资源管理工作提供支持，而人力资源管理信息也可以为其他部门的信息提供依据，从而促进企业各部门信息的互通互联，有利于企业整体的发展。

（三）优化了管理结构与信息渠道

市场竞争日益激烈，企业要想在不断变化的环境中及时决策、获得持续发展，离不开企业内部之间的全方位沟通。而企业规模越大，这种沟通的实现就越困难。由于企业存在不同的部门、大量的员工，还涉及外部企业的联系，不论是在时间上还是在空间上都有着沟通的限制。人力资源管理信息化可以成为部门、员工，甚至企业间的纽带，摆脱时空的限制，促进沟通与交流。除此之外，还可以实现信息与知识的共享，提高企业的综合竞争力。

（四）使管理方式更加人性化

人力资源管理信息化的实现，为员工与企业的沟通提供了便捷的方式和渠道，通过这一系统，可以实现管理的实时化，有利于员工与企业利益的互动和统一。人力资源管理信息化是管理与信息技术的融合，带来了先进的管理理念，也使人力资源管理工作更加职业和专业，满足了企业和员工的需求，使管理方式更加人性化。

（五）提高了人力资源管理的效率

人力资源管理工作涉及的内容庞杂，如人员的招聘和培训、薪酬的设置、绩效的评估，这些工作都有着一定的程序，需要花费大量的时间、人力和物力。

人力资源管理信息化的实现，为员工提供了自助服务以及信息共享等，还有助于无纸化办公的实施，节省了时间和成本，也使人力资源管理的效率大幅提升。

（六）更好地适应了员工自主发展的需要

员工是具有能动性的，为了生存与生活，他们为企业劳动，创造效益；同时，员工也有自己的想法，有着自主发展的需要，他们对薪酬福利、职业生涯等企业决策都有着自己的意见和建议。人力资源管理信息化，为员工表达相关的意见和看法提供了渠道，有利于他们参与企业决策，同时通过人力资源信息化，企业可以对员工针对性地安排工作、学习，有利于员工的自我管理以及自主发展。

（七）有力地促进了企业电子商务的发展

人力资源管理信息化有力地促进了企业电子商务的发展。人力资源管理信息化就是电子化人力资源管理，人力资源管理的各项工作都借由这一系统实现了电子化，因而更加高效。同时，这也为企业建立虚拟组织、实现虚拟化管理创造了有利条件。

三、我国企业人力资源信息化管理的现实需要

从人力资源信息化管理的定义上来看，人力资源信息化的管理包含了多重内容，在实际作用的发挥上，人力资源信息化管理同样也具备复杂的系统性特征。目前，我国的大部分企业已经逐渐具备了人力资源信息化管理的理论基础和硬件条件，然而在实际的运用和操作中，其信息化管理和内容、相关的建设及其性能尚不全面，企业利用信息化管理的思维尚且不足。下面具体分析我国当下大部分企业对人力资源信息化管理存在的现实需求。

（一）企业发展战略需求

现代化信息社会的战略基本要求已经逐渐延伸到经济社会的各个角落，实际企业对于人力资源管理的信息化需求已经表现得十分明显。此处需要注意的是，企业发展的战略需求所指的并不是单纯的政策调整以及管理模式的对应改变。换言之，企业的战略需求是根据实际的需求和对未来管理模式的精密预测后

所得到的。

人力资源信息化的管理对于正在逐步发展的企业的好处可以简单地归纳为以下几点。

一是企业可以依靠逐渐发展的人力资源信息化管理发展出独特的管理特色，依据当前企业所面对的问题和市场的独特需求作出一定的规划。

二是企业在面对技术管理接轨的时候，其相对的技术接轨成本更低，尤其是对于员工的信息化转换成本也更少。

三是能够更好地满足员工的潜在发展需求，获得更高层次水平的反馈和信息总结。

（二）管理水平以及管理层次的需求

当下企业管理中常常出现管理水平和管理层次上的一系列变革，利用人力资源信息化的趋势，能够有效地针对管理中出现的一系列问题作出及时的调整。在当前的信息化管理中，利用适当的信息管理可以做到员工信息、员工考核、绩效考核、总体管理等一系列的综合信息的罗列和展示。对于出现跨地区、员工工种和素质不一样的管理，信息化的管理方式可以提供全局观。综合利用信息化的管理，能够促使整体的改良和发挥。换言之，使不同时空条件的员工在计算机的核算上有总体的安排规划，对于目前企业的人力资源等都有综合的体现，可以有效地对企业的现状进行管理，适时安排员工的工作，并针对员工的特殊情况主动性地调整。

（三）员工的反馈需要

传统的管理方式对于员工的需求反馈有一定的延迟性，而信息化管理在其取代传统的管理方式的同时，还提供了相对直接的员工信息反馈的渠道，为员工改善工作方式方法起到了一定效力。从总体需求来说，企业要求从一般的任务完成开始和出现对于员工态度以及情感上的需求改善，方式方法上获得陆续的发展和潜在需求的表现，员工能够及时地利用信息化管理系统，查找相关的企业要求的规范和准则，对于企业变更的要求以及相关信息有良好的把握能力，同时可以依靠当下的信息反馈系统，利用其主要职能了解自我工作状态和相关反馈，对于

考核也能够有比较直观和透明的把握。

信息化的管理需求还可以表现在其对个人需求的尊重上，每个员工都可以借助信息化管理系统了解到当下规程，甚至是提出自己针对规程的一部分意见。综合来说，对于企业的效力的反馈也有比较好的体现。

四、我国企业人力资源管理信息化存在的问题

目前大多数企业虽然已经开始利用企业人力资源信息化管理，但是仍存在着一定的局限性和不足。依据其不足进行分类，大致可以分为主观投入和客观支持两个方面。

（一）主观投入方面主要存在的问题

1. 企业对于人力资源信息化的客观需求认识不足

虽然当下已经进入信息化的时代，但是依旧存在不少企业沿用传统的人力资源管理方式。该类企业多为小型企业，规模不大，对于员工的综合管理素质要求也不高。针对这类企业所暴露的问题也可以看出当下的部分企业对于人力资源信息化的客观需求认识不足。此类企业将人力资源管理限制在一个较小的区域，对于当前的人力资源管理的信息化水平比较局限，甚至总体上对于信息化的认知较为排斥。在未来的竞争中，此类企业的劣势也同样较为明显。

2. 资金投入少和相对的管理方式迟滞

企业对于人力资源信息化认识不足，同期的缺陷还表现在资金投入少和相对的管理方式迟滞上。

我国企业在推进人力资源管理信息化的过程中都会面临资金的问题。其实，企业进行人力资源管理信息化的目的是提高工作效率，进而降低成本，而要保障人力资源管理信息化的实现首先需要投入资金。人力资源管理信息化系统主要有自主开发和购买产品两种方式，自主开发费时费力，一般的企业难以承受，而购买相关产品也需要花费较多的资金。首先，购买人力资源管理系统成本会较高；其次，支付人员培训费用、系统维护费用和升级费用等，对企业来说是一笔不菲的费用。由于将员工信息实行全面的信息化网络化管理，初期需要投入一部分人

力资源，特别是企业需要相关的人力资源管理人才进行辅助建设，在资金投入上需要投入一部分进行建设，然而有的企业对于该项没有直接盈利的建设项目兴趣往往不大，建设的需求表现出的状况也不明显，常常延误企业改革的需求和继续发展的潜力。

在管理方式上，出现了部分企业虽然将员工信息进行了信息化处理，但是在实践中并没有投入使用的现象。人力资源管理的信息化系统针对性和实时性的特性都没有利用，使其整体的人力资源信息化管理成了空架子，仅仅起到了企业装点门面的作用，此类缺陷同样也是对人力资源管理的信息化系统的浪费。

3. 人力资源管理者缺乏应用的能力

企业人力资源管理者的素质水平影响着人力资源管理信息化的实施。人力资源管理信息化涉及互联网等信息技术的应用，这就要求人力资源管理者具备相应的能力，这也是实施人力资源管理信息化的前提。但是现实情况是，部分企业的人力资源管理者普遍不具备信息技术能力，这种能力的缺乏导致人力资源管理信息化在现代企业中的实施受挫。

4. 人力资源管理信息化的内容主要集中于事务处理

现代企业中不少都实施了人力资源管理信息化，但是在对其的实际使用方面存在一定的问题。企业实施人力资源管理信息化，主要还是用来处理有关人力资源管理的一些事务性问题，如招聘、考勤、绩效评估等。人力资源管理信息化还包括进行人力资源规划、工作分析、自助服务等功能，但这些功能往往是部分企业所不重视的，也是很少涉及的，因此对于人力资源管理信息化的进一步使用还有待深入。

（二）客观支持方面主要存在的问题

1. 国内大环境下信息化基础薄弱

我国目前已经全面进入信息化社会，然而我国的信息化技术发展基础相对薄弱，部分技术依旧依靠外部支持，没有自己的解决方案，在人力资源信息化处理能力以及其综合管理能力上表现出不完善的方面。

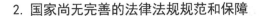

2. 国家尚无完善的法律法规规范和保障

目前，我国对于企业的人力资源信息化管理没有统一的规范，针对企业中存在的管理乱象治理能力不足，各个企业内部的信息化管理常常出现各自为政的现象，平台、代码之间没有统一的标准，对于整体的企业内部的人力资源信息化建设的优势关注不足。

同样，在人力资源信息化法律效力上的保障力度存在不足。信息化管理面临的一大难题就是信息的保密以及信息安全的处理，在此基础上，国家法律法规规范的不完善、法律保障的不到位，种种因素也是企业在实现人力资源信息化管理时的顾虑之一。

3. 缺乏专业的人力资源管理人员

企业人力资源管理的发展经历了从人事管理到人力资源管理再到人力资源开发与经营的过程。对于我国的人力资源管理发展来说，其中一个重要的影响因素就是外企的涌入。我国的人力资源管理与开发还处于初级阶段，对于很多企业，也只是从称呼上把人事管理部门改为人力资源管理部门，其实质并未发生多大改变。这主要是因为我国企业管理者观念较为传统，缺乏专业的人力资源管理人员，缺少相关的人力资源管理专业知识，对于人力资源管理的内容与流程也不是很掌握，还有的对人力资源管理信息化的重要性和必要性认识不足。

4. 缺乏杰出的人力资源管理软件产品和厂商

人力资源管理信息化涉及人力资源管理软件产品的使用。对于我国来说，企业虽然有相关需求，但人力资源管理信息化服务市场尚未成熟，许多软件的开发层级还较低，产品混杂、不够规范，这些软件产品被企业购买采用以后，难以真正发挥人力资源管理信息化的作用，也存在不符合现代企业现实需求的情况，这在一定程度上会影响企业管理者对人力资源管理信息化的态度和信心，也会对现代企业实施人力资源管理信息化带来一定的阻碍。

五、我国人力资源管理信息化建设的发展方向

随着我国经济的发展，企业内部人力资源管理的信息化建设的必要性日益

凸显。在我国人力资源管理信息化建设的未来发展方向上应该注重以下内容。

（一）综合性

由于企业内部常常出现人力资源网络交错的状况，其部门在具体的管理上对人力资源管理的信息化要求有不同的属性，在此方面的建设适当地应该予以避免，转而针对网络化、体系化的人力资源管理结构进行综合的调整，趋向于扩大化和综合化。同时在建立相关的企业内人力资源信息化建设的同时，还应当建立相应的评估机制和反馈机制，提出适当的评估和反馈的标准作为标准化的参照，提供给员工作为基础的改善意见。

（二）适用性

在经济快速发展的今天，我国正处在复杂的经济局面中，针对其适用性应当服从现实的需求，我国的人力资源信息化的发展起步比较晚，企业对其认识也存在一定的不足，这也就要求在未来企业信息化建设的发展方向应该趋向于适应企业的实际条件，避免人力资源管理的信息化发展在中国企业的水土不服，根据我国的实际情况，进行管理的方针和规定条款的制定，优化整体的管理结构，避免隔靴搔痒的情况出现。

（三）安全性

目前，网络技术的发展加强了我国对人力资源信息化安全性能的要求。人力资源管理信息化建设应当遵循安全性原则，在利用新的管理模式为企业的综合发展提供保障的同时，也应该有力避免企业可能面对的隐形损失，防止员工信息被盗用、泄密等不良影响。

六、我国企业人力资源管理信息化发展对策

（一）数据电子化方面的对策

人力资源管理的过程涉及许多数据，进行人力资源管理信息化，就要对这些数据进行电子化处理。因为数据庞大，进行数据电子化处理时一定要注意相关

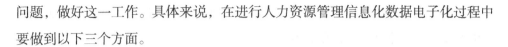

问题，做好这一工作。具体来说，在进行人力资源管理信息化数据电子化过程中要做到以下三个方面。

1. 分析电子化数据的特点，对症下药

电子化数据的特点是用户多、影响广、规范化难度高，而且要求准确、实时和统一。根据电子化数据的这些特点，就应该采取针对性的措施，如专人负责、规划整理、统一规范。在数据电子化即将完成时，要保证数据的更新频率和准确性，避免数据混乱的出现。

2. 评估数据电子化工作，做好人员安排

电子化数据的庞杂性和分散性，决定了这一工作费时费力。在数据电子化过程中，一定要提前对电子化工作的工作量和工作难度进行明确，并对涉及这一工作的各部门进行分工，做好相关工作人员的培训工作，保证数据电子化工作的效率和质量。

3. 在高层管理者参与的同时，项目团队成员步调一致

在现代企业中，任何工作的开展都离不开高层管理者的支持。在数据电子化工作中，也要及时向高层管理者汇报和沟通，不仅要了解企业的要求，还要向高层管理者反映工作的进展与困难，借助高层管理者的力量，使企业各部门给予协调配合，保证数据电子化工作的有序开展。

数据电子化工作内容繁杂，涉及的工作人员众多，在工作过程中一定要及时做好沟通，将数据电子化工作的进行情况及时传递给团队成员，使各团队成员的思想得到统一，工作步调保持一致，在工作中形成合力，使整个工作向着正确的方向前进。

（二）企业人力资源管理信息化适用性方面的对策

人力资源管理信息化是现代企业人力资源管理的发展趋势，也是顺应时代发展的要求。于是，有人认为，只要企业具有实力，就应该实施人力资源管理信息化。其实，这种看法存在一定的不合理性。我国企业的性质多种多样，而且内部存在着许多复杂的关系，所处的发展阶段和采用的管理方式也都存在差异。因

此，在考虑人力资源管理信息化时，一定要对企业的情况进行评估，看看实施人力资源管理信息化是否可行和适用。

其实，并不是所有的企业都适合实施人力资源管理信息化并能取得理想的效果，人力资源管理信息化对企业也有着一定的要求。

第一，企业要有稳定的人事基础管理体系。如果企业的人事管理政策朝令夕改，即便实施了人力资源管理信息化，也难以保证系统能够根据实际情况及时调整，难以发挥其价值，甚至会阻碍企业的变革。

第二，企业的人事管理要权责明确。在人力资源管理信息化系统中，针对不同的用户设置有不同的权限，如果企业的权责不明确，甚至混乱，就难以保证人力资源管理信息化系统数据的准确性和及时性。

第三，人力资源管理信息化要求人事管理人员具有相当的管理水平。人力资源管理信息化的作用是毋庸置疑的，它对企业的变革也是全面的，其中就包括对人工作习惯的改变。操作人力资源管理信息化系统，要按照规范进行，并保证数据正确，这样才能保证人力资源管理系统得出的结果正确，否则，就会导致人力资源管理信息化的效果大打折扣。

以上三点只是对企业是否适合实施人力资源管理信息化的基本判断。即使具备上述三个条件，也不意味着任何人力资源管理信息化系统都能适用。要选择与自身条件相符的人力资源管理信息化系统，一定要对自己企业的现状进行准确的分析，可以借鉴一些与自己企业情况类似的企业的相关经验，这更有利于作出正确决策。

（三）标准化与定制化方面的对策

在实施人力资源管理信息化的过程中，一定要注意标准化和定制化的关系。人力资源管理信息化系统定制化，就是根据企业的现实情况，调整人力资源管理信息化系统。虽然定制化更能使人力资源管理信息化系统与企业实际情况相符，但是否进行定制化以及如何进行定制化，还需要认真考量，这就是要处理好标准化与定制化的关系。对于有些企业来说，其管理方式尚存在一些不合理的地方，人力资源管理信息化系统的定制化虽然适合了企业的需要，但也会让这些不合理规范延续下来，以后就会难以调整，会影响管理的效果。而对于一些企业来说，引入的人力资源管理信息化系统中的一些流程不具备在企业实施的可行性，这时就需要对系统做一些调整，使之符合企业现实。总之，只有做好人力资源管理信息化系统的标准化和定制化的取舍，才能保证系统良好作用的发挥。

（四）实施过程中的对策

1. 增强员工的信息化意识

人力资源管理涉及企业的所有部门，人力资源管理信息化也是一样，它与每一名员工的利益都密切相关。因此，企业实施人力资源管理信息化，需要增强员工的信息化意识。这一方面，有利于人力资源管理信息化建设的进行；另一方面也有利于员工竞争意识的增强与个人技能的提高。

2. 选择合适的软件

人力资源管理信息化需要软件的支持。在选择软件时，要考虑是否与自身条件相符。有实力的企业，可以自主开发相关软件，这样能保证与自身特点相符；而不具备相应能力的企业则要考虑购买软件，这时就要全面分析自身的情况，并考察软件的应用情况，有必要时，可以定制人力资源管理信息化系软件。

3. 保证资金投入

实施人力资源管理信息化，一个前提条件就是要有足够的资金支持。人力资源管理信息化不是一个简单的过程，其涉及多种因素、多个部门、大量数据。企业必须给予一定的资金投入，但是也要对自己的经济情况有了解，有步骤、有计划地进行，选择合适的人力资源管理信息化系统。

4. 加强人本管理

人力资源管理是对人的管理，因此一定要注重人本思想，做到"以人为本"。人力资源管理信息化系统依靠软件进行人力资源管理，但软件是死的，人是灵活的，在人力资源管理中，一定要在依靠软件管理的同时，做好对人的管理，保证人力资源管理信息化的顺利实现以及工作效率的提高。

5. 提高人力资源管理者的应用能力

人力资源管理信息化不是简单地引入相关软件对人力资源进行管理，还涉及人力资源管理的优化与更新。这对人力资源管理者的应用能力提出了要求，人力资源管理者不仅要具备先进的管理理念，对人力资源管理信息化有深刻的理解，还要具备运用这一系统的技术能力。只有不断提高人力资源管理者的应用能力，才能将人力资源管理信息化的效果发挥得更好。

6. 注重信息化建设的"本土化"

有的国家和企业在人力资源管理方面处于先进水平，积累了相当丰富的经验。我国企业可以向这些国家和企业学习，借鉴其管理经验，吸收人力资源管理，尤其是人力资源管理信息化建设中的良好做法，做好人力资源管理信息化的本土化改造。我国的人力资源管理信息化建设应该从企业的实际需要和所处阶段出发，从整体上进行设计，统筹进行安排，有步骤、有计划地进行。

第六章 现代企业文化管理的创新发展

第一节 现代企业文化概述

现代企业文化从实践到理论的发展，丰富了自身的内涵与外延。要进行企业文化建设，不仅要对它有一个比较完整和系统的理解，也要对企业文化如何在企业中发挥作用的功能特征有所了解。

一、现代企业文化的定义和特征

（一）企业文化的定义

现代企业文化实践始于日本，理论起源于美国，是由实践引出理论探讨的。关于企业文化的系统定义，一直众说纷纭，各执己见。现代企业文化并不是由"现代企业"和"文化"两个名词机械地组合而成。作为现代管理理论中的一个分支，现代企业文化有着独特的内涵与特征。中外学者对此作了种种精彩的论述。

《Z理论》的作者威廉·大内认为，一个企业的文化由其传统和风气构成。这种企业文化包括一整套象征：仪式和神话。它们把企业价值观和信念传输给雇员们。这些仪式给那些原来就稀少而又抽象的概念添上血肉，赋予它们生命。

《企业文化》的作者特伦斯·迪尔和艾伦·肯尼迪则指出：企业文化由价值观、神话、英雄和象征凝聚而成，这些价值观、神话、英雄和象征对企业的员工具有重大的意义。

《追求卓越》的作者托马斯·彼得斯和罗伯特·沃特曼认为，成绩卓越的企业能够创造一种内容丰富、道德高尚，而且为大众接受的文化准则，一种紧密相连的环境结构，使员工们情绪饱满、互相适应和协调一致。一个伟大的组织能够长久生存下来，最主要的条件并非结构形式或管理技能，而是被人们称为信念的精神力量，以及这种信念对于组织的全体成员所具有的感召力。

我国自 20 世纪 80 年代后期开始引进并研究具有中国特色的现代企业文化理论以来，学者们提出了不少对企业文化概念的理解。归结起来，有以下几种代表性观点。

有的学者认为，所谓企业文化，就是企业的经营理念、价值体系、历史传统和工作作风，表现为企业成员的整体精神、共同的价值标准、符合时代的道德规范和追求发展的文化素质。

有的学者认为，作为一种文化现象，企业文化通常是指企业职工在经营实践过程中，创造的物质和精神财富的总和；而作为一种新管理理论，企业文化是企业内部物质、制度和精神各要素之间内在结构达到均衡的动态平衡，以及各要素之间取得最佳组合，并实现企业外部需要和内在需求协调的理性设想。

还有的学者认为，企业文化就是指企业内部将各种力量统一于共同方向上所形成的某种文化观念、历史传统、共同价值准则、道德规范和生活观念等，也就是增强企业职工的内聚力、向心力和持久力的意识形态总和。

此外，还有一种经营管理哲学说，认为企业文化是企业经营管理的一种哲学，是一种管理的新思想、新观念。

以上是部分中外学者与管理者对企业文化定义的界定和理解，尽管表面上似乎五花八门，但究其实质，不过是从不同的角度来进行论述，这也反映了不同的发展阶段人们对于企业文化这一新生事物的理解层次的加深。可以说在对现代企业文化的概念理解上，绝大多数学者认同这一点，即企业文化不仅包括企业中所存在的员工的意识形态总和，包括员工的思想、心理、精神、风貌等，还包括与员工意识形态相联系的文化活动，这些活动直接影响企业文化的形成与发展，

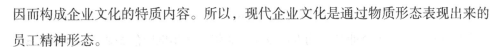

因而构成企业文化的特质内容。所以，现代企业文化是通过物质形态表现出来的员工精神形态。

这里的"文化"，不是指知识修养，而是人们对知识的态度；不是利润，而是对利润的心理；不是人际关系，而是人际关系所体现的为人处世哲学；不是俱乐部，而是参加俱乐部的动机；不是社交活动，而是社交方式；不是运动会的奖牌，而是奖牌折射出来的荣誉观；不是新闻，而是对新闻的评论；不是舒适优美的工作环境，而是对工作环境的感情；不是企业管理活动，而是造成那种管理方式的原因。总之，企业文化是一种渗透在企业一切活动之中的东西，它是企业的灵魂所在。

综合以上观点，结合现代企业文化的实质，可以认为现代企业文化是现代企业在长期的经营实践中，主动或被动、自觉或不自觉地形成的全体员工共同的精神观念、风格、心理、习惯等的总和，即企业员工所共同遵循的人生指导原则，以及在这些原则指引下的企业运作方式和员工群体生活观念，这些精神观念通过一定方式能影响企业在经营中的竞争地位和优势。形象地说，企业文化是整体的企业人生，可以看作一个企业人所具有的整体修养水平和处世行为特点。

企业文化作为企业的上层建筑，是企业经营管理的灵魂，是一种无形的管理方式。它以观念的形式，以非计划、非理性的因素来调整企业成员的行为，使企业成员能够以更有效的方式进行协调以实现企业的目标。

（二）企业文化的特征

1. 人本性

没有人类就没有文化。因此，企业文化的人本性强调人的思想、道德、价值观、行为规范等在企业管理中要起到核心作用，在生产经营中要关心人、尊重人、信任人，全体员工无论岗位级别，互相尊重，团结奋进，积极参与企业管理，推动企业发展。近年来，多数企业努力营造以人为本的企业文化氛围。然而，如何落到实处，一直是每一个企业都在苦苦思索的难题。

2. 发展性

企业文化在一定时期应具有相对稳定性，应建立一个开放、多元、富有弹性的全球企业文化。比如，根据美国《财富》杂志的报道，我国中小企业的平均寿命仅 2.5 年，集团企业的平均寿命仅 7～8 年，每年倒闭的企业约有 100 万家。不仅企业的生命周期短，能做大做强的企业更是寥寥无几。可是我国的同仁堂却生存了 300 多年，这是多么令人惊讶又合情合理的事情。之所以是合情合理的，是因为同仁堂坚持了其优秀的企业文化——诚信。同仁堂自 18 世纪起为皇宫内廷制药，在外在压力下，同仁堂必须认真谨慎、诚实守信，马虎不得。另外，最重要的是内在因素，同仁堂坚持"修合无人见，存心有天知"的诚信敬业信条。所以，同仁堂的产品质量广受消费者信任，使其发展事业走得长远。诚信，是人们最熟悉不过的字眼，可是要把这个原则坚持下来，确实不简单。同仁堂的经营准则是"质量即生命，责任重泰山，一百道工序，一百个放心"，同仁堂说到，也做到了。从同仁堂的发展史来看，无论其是在清代还是在当今社会，无论是在国内还是在国外，无论是面对消费者还是面对员工，它自始至终都坚持了诚信这一根本的核心文化。

3. 多样性

一般来讲，有的企业的管理者具有相对较高的地位和较大的决策权；有的企业的业务决策权会下放到中层管理者手中，决策的制定主要通过商议而不是根据企业董事会的命令，这类企业的各层经理通常被赋予了高度的自主权；有的企业的决策并非由管理者专制作出，但企业员工出于对企业管理者的信任和忠诚，能够自愿接受来自高层的决定；而有的企业习惯建立一整套非常细致、繁杂而长期固定化的规章制度来规范企业的业务经营，以便提高企业管理的安全等级，在这类企业中，个人或部门期待完善而严格的规章体系给予他们全面的指导，如明确个人工作职能等，员工们欢迎和依赖这些企业条例。总的来看，不同的企业因其不同的规则制度和操作方式，形成具有多样性的企业文化。

二、现代企业文化的构成和内涵

现代企业文化的构成是有层次的。从管理的角度看，一般认为企业文化由两部分构成：企业文化的显性部分，即管理的对象、手段、结果等；企业文化的隐性部分，即隐藏在管理手段背后的管理思想，包括企业哲学、价值观、道德规范等。要完整地理解现代企业文化的概念，必须结合不同的层次进行分析。

（一）现代企业文化的构成

现代企业文化的整体概念由表层、中介层、深层三个层次由表及里地构成。根据其具体内容，可以把它们分别称为物质层、制度层和精神层。

1. 物质层

物质层是企业中凝聚着本企业精神文化的生产经营过程和产品的总和，包括实体性的文化设施，如带有本企业文化色彩的生产环境、图书馆、俱乐部、公园等。物质层是现代企业文化结构中最表层的部分，是人们可以直接感受到的，也是从直观上把握不同企业文化的依据。例如，有的企业到处悬挂的"THINK"（思考）标语，可以看作所有成员进行经营和生产活动的座右铭，因而构成其企业文化中能直观体会到的层次。除此之外，企业识别标志也属于现代企业文化的物质层部分。通过企业形象识别系统（Corporate Identity System，CIS）的设计，现代企业能用标志性的外化形态，来表示本企业的文化特色，与其他企业明显区别开来。良好的CIS设计标志，往往都与企业文化的其他层次和谐地融合在一起。

2. 制度层

制度层是具有本企业文化特色的各种规章制度、道德规范和职工行为准则的总和，包括企业的规章制度及生产经营过程中的交往方式、行为准则等。制度层是企业文化的第二层或称为中介层，它构成了各个企业在管理制度上的文化个性特征。但是，并非所有规章制度和经营管理行为都是企业文化的组成部分。只有那些企业哲学、价值观念、道德规范的具体体现才构成现代企业文化的制度层。现代企业文化总是在观念—实践—观念的过程中形成的，脱离了制度层的企业文化将是空中楼阁，失去了实际作用。例如，有的企业要求员工每天上班前必须高呼其企业精神，就是企业文化的制度层部分。

3. 精神层

精神层是企业文化构成要素的最深层次。它是企业员工共同的意识活动，包括企业经营哲学、价值观念、美学意识、管理思维方式等。精神层是企业文化的源泉，构成了企业文化稳定的内核。

（二）现代企业文化层次之间的关系

现代企业文化由物质层、制度层、精神层由表及里的分布构成，这种结构不是静止的，诸层次之间存在相互联系和相互作用。

1. 精神层是企业文化的内核，因而决定了物质层和制度层

精神层是相对稳定的部分，一旦形成，就处于较为稳定的状态。精神层的形成受到各种因素的影响，但主要靠企业管理者有意识地培育。而既定的精神层就会产生一定的物质层。例如，某石油公司的价值观是高度尊重个人的创造性，绝对相信个人的责任感，但同时默认在作出一项重要决定前要达成一致。这就使该公司在制度层方面表现为尤衣着要求和沟通方式随意，没有层级观念等。而另一家公司则遵循另一种价值观，即尊重资历、学识和经验，注重通过服务时间的长短、整体工作情况和个人的教育背景来评价员工，因此其制度层和物质层就表现为追求规范化和正规化。如大楼中各办公室的设计遵循严格的规定；静默的工作气氛；人们在大厅时周全的礼节；专门的高级经理餐厅；文件中使用正式的学术术语，以及注意计划、程序和正式会议文件的措辞等。这两家公司不同的精神层内容使它们在物质层和制度层方面的表现也迥然不同，这也为现代企业文化的鉴别和诊断提供了依据，让人们可以根据显性的内容来推断其隐性的内涵。

2. 制度层构成精神层和物质层的中介

精神层直接影响制度层，并通过制度层影响物质层。现代企业文化的作用过程通常是这样的：企业员工所具有的企业精神、经营哲学、价值观念等精神层，使得他们通过制定并形成一系列的规章制度和行为准则来实现他们的目的，以反映他们所追求的精神层内容；为了推行并实施这些规章制度和行为准则，企业又必须创设出特定的工作环境、文化设施等，即构筑一定的物质层。这个过程表明了制度层的中介属性。

3. 物质层和制度层是精神层的体现

企业文化的精神层是隐藏在显性内容后面的，必须通过一定的形式来体现。

物质层和制度层以其外在的形式体现了企业文化的水平、规模和特色，体现了企业特有的经营哲学、价值观念和道德规范等内容。但在现实的一些企业中，出于各种原因，往往使这种关系出现了变形，导致精神层内容成为纸上谈兵，而物质层和制度层则体现了另一种精神内涵。这是现代企业文化建设的误区，良好的物质层和制度层应当很好地体现企业文化所要表达的精神内涵。所以，许多成功的企业十分重视物质层和制度层的建设，明确企业的特征和标志，完善企业的制度和规范，以便更好地培育企业的文化内涵。

（三）企业文化的学习、建设和变革

1. 由外向内的学习过程

学习和了解一个企业的文化，首先应从企业文化的物质层面开始品味和体会；其次深入企业的制度层面，如薪酬制度、工作制度等，从具体制度的内容、建立与实施过程中更好地理解企业文化的本质和内涵；最后归纳出企业的核心理念到底是什么。

2. 由内向外的建设过程

三个层次企业文化的建设是与文化学习的顺序完全不同的。在企业文化建设过程中，三个层次的推进必须先定核心精神再向外部层次推广。建设企业文化应从核心理念的定位做起，首先根据企业外在环境和内在需求制定符合企业发展的核心文化，即文化的精神层的构思应首先形成；其次以核心精神文化为根据，制定和修改与之相吻合、相互促进的各项企业制度，以保证企业文化精神的落实；最后通过调整企业环境的具体形式获得精神文化与制度文化的强调和延伸。建设企业文化必须首先明确企业文化的含义，并通过建设和改进符合企业文化理念的各项企业制度，辅以有利的物化的各种可能的企业文化环境，最终形成企业文化的体系。

3. 由外向内的变革过程

在创新企业文化的变革过程中，由于存在原有企业文化的意识，新企业文化的精神理念很难直接取代原有的企业文化意识直接从核心文化层面进行变革，一般总是先从物质层面着手比较合适。在员工通过与日常活动规则和新企业文化环境的频繁接触取得适应与磨合之后，再通过制度层面政策、措施固化有利于新企业文化建设的行为与准则，最后才可能经过较长时期的习惯保持、制度激励，逐渐使员工的理念有所转变。

第二节　现代企业文化的构筑与建设

现代企业文化的构筑与建设是一项复杂的系统工程。由于人的心理因素和外部环境的多变性，价值观念的培养是一个奇妙的柔性的心理过程，并没有统一的标准模式可以遵循。各国的企业文化建设的实践也证明了要采用因时因地的不同办法米进行。但作为一项管理活动，现代企业文化的构筑与建设还是可以归纳出一定的步骤和方法。这些步骤和方法并非要求所有企业机械地套用，而是要助力企业文化的建设沿着更为有效的道路进行。

一、现代企业战略与企业文化

（一）战略与文化的关系

在企业中，企业的文化核心 —— 企业战略、宗旨、使命与价值观主导并决定着制度层与物质层的文化形成。同时，企业的战略、使命立足于企业服务的市场，亦即企业战略与企业使命是相辅相成并协调统一的。企业的创新精神与企业的实际活动目标必须保证统一，原因是从企业行为方面来观察，这种统一是思想与行为的统一，这种统一深刻表明企业的决心，也能够说明企业的行动是符合外部环境要求的事实。

战略和外部环境对企业文化有着重要影响。迪尔和肯尼迪在《企业文化》中指出："一个强有力的价值系统最严厉的风险之一就是经济环境可能改变，而共享的价值观则继续以一种对企业已毫无帮助的方式在指导人们的行为。"由于这种风险的存在，企业文化应包含企业在其环境中有效率所必需的因素。例如，如果外部环境要求灵活性和反应能力，企业文化就应当鼓励适应性。文化价值观和信念、组织战略和商业环境之间的恰当关系会提高企业的绩效。

（二）文化与战略的匹配

有学者通过对文化和有效性的研究，认为战略、环境、文化间的适当配置与文化的四种类别相关联，这些类别基于两个因素：一是竞争性环境所需要的灵活性或稳定性程度，二是战略的重心和强度侧重于内部或是外部的程度。

文化的四种类别分别是适应性/企业家精神、使命型、小团体式和官僚制。

1. 适应性/企业家精神文化

这类文化的特点是以实施灵活性和适应顾客需要的变化，把战略重点集中于外部环境。这类文化鼓励那些支持企业去探寻、解释并把环境中信息转化成新的反应行为能力的准则和信念。这种类型的企业并不只是快速地对环境变化作出反应，而是积极地创造变化，在这里，革新、创造性和风险行为被高度评价并得到奖励。

2. 使命型文化

对于那些关注于服务外部环境中的特定顾客，而不需要迅速改变的企业适合采用使命型文化。使命型文化的特征是着重于对企业目标的一种清晰认知和目标的完成，如销售额增长、利润率或市场份额提高，致力于帮助企业达成目标。员工一般对特定水平的绩效负责，企业相应给予承诺及特定的回报。管理者通过建立愿景和传达一种企业期望的未来状态来塑造雇员行为。因为其内外部环境是相对稳定的，企业可以把愿景转换成可度量的目标，并且评价员工达到这些设定目标的业绩。在某些情况下，使命型文化反映了一种高水平的竞争力和一种利润导向的方针确定模式。

3. 小团体式文化

这类文化主要强调企业成员的参与、共享和外部环境所传达的快速变化的期望。这种文化相比其他种类文化而言，更强调员工的参与和共享，以保证企业获得优异绩效。参与、共享会产生一种责任感和所有权，然后对组织产生更强的认同。

小团体文化中最重要的价值观是关心员工。只有这样做企业才可以适应竞争激烈和不断变化的市场。时装业和零售业的企业可以采用这种文化类型，因为这种文化可以发挥员工的创造力，以对迅速变化的市场作出反应。

4. 官僚制文化

官僚制文化由其内向式的关注中心和对稳定环境的一致性定位。在这种文化中，个人参与在某种程度上有所降低，但这被员工间高水平的一致性、简洁性、合作性所弥补。这种企业依赖高度整合性和高效率而获得成功。

二、现代企业价值观的提炼

企业文化建设要进行企业价值观念的提炼。合理和有效的文化内核一般不会自发地产生，必须进行审慎的抉择。在这一过程中，必须注意以下基本原则。

（一）从实际出发原则

现代企业形形色色，从地区性公司到跨国集团，从单一经营到跨行业的多元化经营，从单一文化背景的员工构成到分布于世界各地的员工构成都有可能。企业文化价值观体系要结合自身的性质、规模、技术特点、人员构成等因素，从企业实际出发进行提炼。例如，企业目标和经营原则要符合企业的发展潜力与经营需要。对一家小型保险公司来说，提出像大型知名保险公司一样的价值观念——"保险业之佼佼者"，显然是太遥远了一点。如果不结合本企业的特点、千篇一律的企业价值观念和企业精神就没有生命力，就会失去应有的价值和意义。

（二）一体化原则

企业价值观体系是为了提供一种对员工进行更好的协调和约束的软管理手段，因此良好的价值观必须从企业整体利益的角度来考虑问题，更好地融合全体员工的行为，而不是仅从个别部门、个别人员的利益来考虑问题。企业文化的建设者可以展开全体员工的详细讨论，也可以通过成立中层管理人员协调小组来实现价值观的一体化。一种价值观越是从企业员工的整体心态出发来制定，在以后

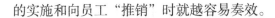

的实施和向员工"推销"时就越容易奏效。

（三）激励原则

要实现企业文化的激励功能，价值观体系的设计就要符合激励原则。优秀的价值观凝聚着员工的理想和信念，体现着企业发展的方向和目标，是鼓励企业员工努力工作的精神力量。

（四）体现社会责任原则

现代企业作为国民经济的细胞，是社会的一个单元。现代企业已经逐步摒弃传统的只追求利润最大化的目标，而将实现社会发展作为自己的任务，这表现在不少企业已经从企业营销观念转变到社会营销观念。这要求企业价值观体系也能体现社会责任感。当前许多企业的价值观包含着强烈的社会责任感，它一方面能使社会公众对企业产生良好的印象，另一方面能更好地激励员工，因为这样的社会责任感一旦被员工所接受，对员工的影响要比简单的物质利益刺激大得多。

第三节　现代企业文化的诊断与重塑

企业文化和企业文化管理是两个不同的概念。前者指企业文化本身，可能管理者并没有意识到这一现象的存在，但有意识地利用它来帮助管理。后者指管理者有意识地对现有企业文化进行分析和控制，以最大限度地发挥其作用。现代企业文化诊断和重塑是企业文化管理的重要内容。

一、现代企业文化诊断

（一）企业文化诊断的基础

现代企业文化诊断是企业诊断中的一种专题诊断。对企业自身既有的文化进行全面准确的诊断是建设优秀企业文化的前提。其原因有以下两个方面。

1. 现代企业文化具有独特性

各个企业具有不同的历史背景、发展状况、经营性质与特点、人员结构等，而企业员工也具有差异很大的自身行为观念和准则。如果不进行文化诊断以了解自身的特点，而泛泛地导入企业文化，效果是很难保证的。

2. 现代企业文化具有开放性

作为一个系统，企业文化不断与外界环境进行交流，不仅影响外界环境，而且会随外界因素的变动而变动。优秀的企业文化决不排斥先进管理思想和管理模式，其会随时代潮流而不断丰富与完善。企业文化诊断能使当局管理者了解企业文化的现状与绩效的大小，为企业文化的管理提供参考。

进行现代企业文化诊断通常有两种途径：内部诊断和外部诊断。内部诊断是由企业内部成立的企业文化诊断小组进行诊断。其优点是对自身文化的感性认识和细节了解要相对深刻。管理力量雄厚的大型企业通常会采用这种方法。外部诊断则是由企业聘请专业咨询机构的咨询人员、管理研究部门或大学的专家教授深入企业进行企业文化诊断。其优点是这些专业人才相对于企业内部人员来说具有更丰富的文化诊断经验，因而具有更准确的判断力，但深入程度显然与前者有一定差距。采取这种方法的企业大多是管理人才和技术人才相对比较缺乏的企业。

（二）企业文化诊断的方式

从企业文化诊断的方式上来说，一般有三种较为常用的方法：讨论法、观测法、调查法。

1. 讨论法

讨论法主要是请企业领导和部分代表性人物一起，在诊断小组的组织和参与下，围绕有关情况和企业所面临的问题进行讨论，从而得出企业文化诊断的具体结果和改进方案。

2. 观测法

由诊断小组直接深入企业现场进行观测，了解第一手材料。诊断小组的成

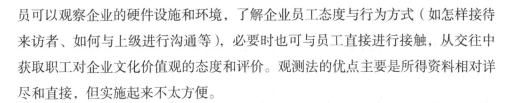

员可以观察企业的硬件设施和环境，了解企业员工态度与行为方式（如怎样接待来访者、如何与上级进行沟通等），必要时也可与员工直接进行接触，从交往中获取职工对企业文化价值观的态度和评价。观测法的优点主要是所得资料相对详尽和直接，但实施起来不太方便。

3. 调查法

调查法则要通过企业文化调查表或采用座谈会的形式，从员工对企业文化的认知和评价中得出其优劣性。然后根据调查结果推断目前企业文化的强弱和有效性，以便提出实施方案。采用调查法进行文化诊断相对来说较为准确，因为企业文化归根结底要对员工产生影响才能发挥作用，故企业职工对其优劣最有发言权。但这一方法也较为复杂，实施过程比较麻烦。

企业文化并不都能发展为优秀文化。事实上，常常会出现许多不尽如人意的地方。其原因主要表现在以下几点。

（1）文化的重点过于侧重内部，从而导致内部利益至上，或是过分强调内部预算、财务分析、销售定额等，而较少顾及顾客和竞争对手的动向等外部因素。这往往会导致企业的长期经营出现问题。

（2）短期视野，导致企业行为的短期化，从而热衷于追逐眼前的短期利润，甚至不惜坑害顾客。

（3）信息交流受阻，员工士气低落，或企业各部门不能相互体谅以致产生困惑和挫折感，甚至发生冲突，削弱了企业的凝聚力。观察这个问题的指标之一是人员流动率。人员流动率很高或趋于上升，那么企业文化的某部分可能出现了一些问题。

（4）高层领导者自身缺乏清楚、明晰的价值观念和信念，因此企业文化系统的管理和运用也就无从谈起。

（三）企业文化的分类

按照企业经营者所承担的风险和工作绩效的反馈速度，企业文化可分为四种：硬汉胆识型文化、努力工作尽情玩乐型文化、孤注一掷型文化、按部就班型文化。

1. 硬汉胆识型文化

在这种企业文化里，充斥着个人主义。企业的员工经常冒着高风险并对于行动的结果正确与否迅速反馈。因此，可以说它是一种极富挑战性的文化。管理咨询、化妆品、广告、娱乐等行业通常属于这种文化类型。

硬汉胆识型文化的挑战性使得这种文化中的最佳生存者是那些善于拼搏、不屈不挠的人。硬汉文化信仰最好、最佳的价值，是喜欢压倒一切的胜利和毫不犹豫的作风。不循规蹈矩的英雄人物是这种文化的典范，他们的行为可能看起来没有章法，但只要他们能使企业经营得出色，就依然能成为企业的英雄人物和价值观的体现者。

拥有硬汉胆识型文化的企业往往在财务上的投资十分巨大，如广告、电视宣传等。这些活动的反馈期十分短，一般在一年以内就可以知道投资是否产生效益。这一特点使它鼓励员工积极进取，进行竞争与冒险活动。然而硬汉胆识型文化的长处也正是其短处所在。硬汉胆识型文化往往注重快速反馈的短期效应，而容易忽视长期投资和长期效应。另外，在硬汉胆识型文化鼓励员工不断进取，使成功人物常常更替，进而无法形成一种具有高度凝聚力的文化传统。

2. 努力工作尽情玩乐型文化

这是一种低风险、快速反馈的文化。其基本价值观集中于顾客及其需要。努力工作尽情玩乐型文化的英雄人物是凭较大的工作量而非冒险程度来获得荣誉的。那些友好、善于应酬、平易近人的人往往是这类企业中最出色的人。

努力工作尽情玩乐型文化的突出缺点是：数量将会取代质量的地位，同时缺乏敏锐的思考，往往使企业容易被胜利冲昏头脑。例如，一些高新技术公司常常在一夜间由工业巨人变为落伍者。在出现问题时，这类文化也有短期性的倾向，试图寻找快速适用的方法。不动产公司、计算机公司、零售百货商店等企业往往具有努力工作尽情玩乐型文化。

3. 孤注一掷型文化

这种文化的特征是风险大、反馈慢，典型特征是投入巨额资金于一个项目上，需要几年时间去研制和实验，才能得到反馈结果和判断其效益。这类文化的企业主要有生产资料制造企业、采矿与冶炼企业、投资银行等。

孤注一掷型文化尤其注重决策的科学性，从而倾向于深思熟虑的决策。其价值在于未来和未来的投资效益。它敬重权威和技术才能，其英雄人物一般是业绩突出、受过考验的人才。孤注一掷型文化可以催生高质量的发明和重大的科学突破，但它们无法在快速反馈的环境中迅速果断地运行，对于经济的短期波动也无法很快适应。

4. 按部就班型文化

这是一种低风险、慢反馈的文化，普遍存在于银行业、保险业、金融服务业、公共事业等企业。这种文化的核心价值是完善的技术，即用科学的方法来解决所意识到的风险，保证过程和细节的正确。具有按部就班型文化的企业经常是官僚化的，等级森严，一切都是照章办事。

按部就班型文化与努力工作尽情玩乐型文化形成了鲜明的对照，它能使需要加以预测的工作井井有条。但有时候过程和细节的绝对准确似乎对企业的经营太过苛刻，其实际效益也很难确定。

以上这四种文化，在现实中企业可能属于其中一种，也可能是几种文化的混合状态。这些分类对于鉴别企业文化提供了特征上的帮助，使人们更容易识别各种文化。

二、现代企业文化的重塑

（一）重塑文化的阻力分析

有些人会比其他人更容易接受变革，但很少有员工能接受一个会降低自身福利的提案，也不会因为一个提案能增加股东的价值，员工就会热情支持，提案一定同时也要能增加员工的福利。例如，如果员工认为一个提案有裁员的可能性，他们就会反对变革。但他们不见得会站出来表达他们对这个提案后果的关切。相反，他们会质疑其后果的分析，即使他们原先认为这个分析是正确的，或者他们可能会提供一些有利于自己的证据，以说服其他人这个提案是不可行的。他们也可能会在试行期间，做出阻碍计划进行的行为。因此，要正确估量一群员工的个人喜好，是不太可能的。但管理高层可以分析变革将如何影响员工，先具体预测他们可能的反应。

1. 个人的情绪、政治和理性反应

当个体察觉到变革对他们产生威胁时，他们为什么会有这么充分的反向动力，很多种理论可以解释。有一个分析抵制变革不同原因的模型，根据人们对变革原因的理解程度以及在情绪和政治上参与变革的程度把人们划分成了不同的团体。

人们对变革的反应有三个层次。

（1）情绪的：变革对我个人意味着什么？我的生活会发生怎样的变化？我的地位在他人眼中会不同吗？我能够适应变革带来的角色改变吗？等等。

（2）政治的：我会失去对资源、员工或决策的控制吗？我仍然会成为一些关键群体的成员吗？我仍然能够对那些涉及我和我的领域的决策施加影响吗？等等。

（3）理性的：这次变革对组织有利吗？等等。

在现实情况中，管理者试图通过诉求于员工的逻辑来争取他们接受变革，然而员工却出于焦虑与担心，阻挠变革。在这些情境中，缺少理解的沟通是低效甚至无效的。随着变革方案的深入进行，双方都日益变得充满挫折感，相互怨恨。管理者开始怀疑员工是故意不合作还是过于愚蠢以致认识不到变革的需要，而此时员工则会因为管理层忽视了他们认为很重要的事情而怨声载道。

2. 个人方面的阻力来源

（1）习惯和性格。除非人感到非常需要改变，通常他们仍以自己习惯的老方法应对刺激。大部分人认为习惯是令人安心的。习惯使人们得以应对复杂的世界。但是当面对改革时，人们仍旧依靠习惯的行为方式的倾向会成为阻力的一个来源。此外，有些人比其他人天然地更反对改革。有时，内心深处的性格特点会使人抵制改革。

（2）对未知世界的担心。员工常常不理解拟议的改革会对自己有何影响。这一不确定性或有关未来局势的完整信息的缺乏，会使他们抵制改革，尽管他们承认某种改变是必需的。此外，员工可能担心自己不能适应新的任务、程序或技术的需要。担心会出现个人损失的员工一般会抵制他们认为会被夺走有价值东西的改革。在工作设计、机构或技术上的改革，可能使员工担心失去权力、地位、工资、福利，甚至是工作。员工对个人损失的担心，可能是组织改革面临的最大障碍。任何改革都有正反两方面的结果。对此，可以进行适当的教育，以帮助管理者及员工了解改革的积极方面和消极方面，使其更为理性地看待改革。

（3）缺乏理解和信赖。员工常常不信赖改革的意图，或不理解其目的。如果过去的改革执行者与员工的工作关系并不好，员工就会下意识地抵制新的改革。例如，有一个经理每年都会提议改革财务报告制度，但后来却失去兴趣，改革便中途停止。这一现象第三次发生后，员工就不再支持改革了，因为他们不相信这个经理会为了大家的利益坚持将改革进行到底。

对变革的抵制很少是直接表现出来的。几乎不会有员工公开地对管理层解释为什么他们反对某些方案，现实的情况有时候类似于一场精心筹划的博弈，员工可能会把他们真实的反对立场隐藏在"乐意合作"的面具之下，管理者应对的要诀是避免被引入歧途，找到并解决员工抵制变革的真实原因。

3. 组织方面的阻力来源

（1）改革焦点有限。经理有时会认识不到一个事实：在某一个方面搞改革通常意味着也需要在其他方面同时搞改革。他们可能低估技术改革在个人及社会方面产生的后果或连锁反应，而这些后果或连锁反应可能导致员工的抵制。例如，如果管理层改变了技术流程，但没有修改组织结构、工作设计和薪酬制度来加以配合，那么这一改革就可能遇到抵制。当管理层认为成本最重要，因此对与成本无关的改革不予关注时，其他相关的问题就会发生。

（2）缺乏协调及合作。由于在改革实施上缺乏协调，这常导致企业分裂和冲突。要记住企业的不同部分是互相依存的，一个部分的变化即会引起其他部分的变化。因此，不同单位或部门之间是否能够协调与合作，对改革行动成功与否至关重要。

（3）不同的评价和目标。员工抵制改革的另一原因是受改革影响的人对形势的评价不同于企业管理者（或其他的改革执行者）的评价。各部门的管理者有不同的目标，而一项改革可能损害某些部门的绩效。例如，如果让销售部门拿到它想向客户推出的某种产品，则制造成本可能上升，这样制造部门的主管就会抵制。

（4）已有的权力关系。有些改革会威胁组织内长期存在的权力关系，因此会受到抵制。尤其是自我领导的工作团队、授权计划或参与性管理的引入，均可能被视为威胁了中下层管理者的权力。因此，这些管理者就会不赞同改革，也不会帮助员工理解和支持改革。

（二）克服变革阻力的策略

对变革实施过程进行管理可以采用特定战术来克服员工抵制。例如，克服对变革的抵制可以通过教育员工或者邀请他们参与到变革之中实现。研究人员已经研究过解决抵制变革的方法，以下总结的这五项战术已经被证明是成功的。

1. 沟通和教育

当参与变革的相关人员缺乏变革翔实的信息或者是预期有人将抵制变革时，就可以采用沟通与教育的方法来解决抵制问题。特别是当变革涉及新技术知识或者是使用者不熟悉的新想法时，教育显得尤为重要。例如，某航空公司曾推出新的服务质量战略，在实施作为这项战略一部分的订票、机场、货运和财务系统全面改革之前，公司用了一年半的时间做准备，训练员工，强化培训和沟通，从而使得该战略得以顺畅地实施。

2. 参与

参与涉及变革的当事人和潜在抵制者。这一战术耗时很长，但会从当事人的理解和主动参与变革中得到补偿。参与也有助于管理者确定潜在问题和理解不同员工对变革的不同感觉。例如，某汽车公司试图在密歇根阿德里安的工厂实施一项新的管理者评估系统，起初由于缺乏合作而受到强力抵制。后来，高层经理放缓了实施该项变革的步伐，邀请工厂主管们参与新评估系统的设计，通过参与系统设计，主管们理解了新系统的含义，减少了对变革的抵制。

3. 谈判

谈判是实现合作的有效战术。谈判通过签署正式协定来赢得对方对预期变

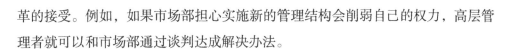

革的接受。例如，如果市场部担心实施新的管理结构会削弱自己的权力，高层管理者就可以和市场部通过谈判达成解决办法。

4. 强迫

强迫意味着管理者运用正式权力迫使员工接受变革。抵制者被告知要么接受变革要么损失报酬甚至失去工作。大多数情况下不应该采用这一战术，因为员工会感觉自己成为受害者，从而迁怒于执行变革的管理者，甚至会蓄意破坏变革。但在需要快速反应的紧急关头，强迫可能是有必要的。例如，当某公司阀门事业部的中层经理拒绝实行新的员工参与计划时，高层经理就重新任命了几名一线主管和经理。公司还通告其他经理，未来报酬的增长依赖于他们对新流程的接受程度。需要注意的是，强迫往往是管理者执行变革时所能用的最后一招。

5. 高层管理者的支持

高层管理者的明确支持也有助于克服对变革的抵制。高层管理者的支持会向所有员工表明，变革对企业来说是重要的。当变革涉及多个部门或者需要将资源在部门间重新分配时，高层管理者的支持显得尤为重要。没有高层管理者的支持，这些变革就会由于部门间的矛盾而无法实施。高层管理者如果没有明确支持一个项目，他们有可能不经意地发布一些与变革背道而驰的命令，从而使变革夭折。例如，某速递公司的航空货物托运部门提出了一项削减过多文书工作的计划，通过改革办公室布局，只要2个而不是4个代理就可以完成原先的工作。这项变革实施后不久，高层管理者就提出了另外一个计划。因此，办公室布局又要改变一次。新的布局并不是特别有效，但是它得到了高层管理者的支持。如果中层管理者早点通知高层管理者并得到他们的支持，那场变革就不会被新的计划击败。

第七章　现代企业管理制度的创新发展

第一节　现代企业管理制度建设中的问题分析

一、管理制度与管理制度有效性

（一）管理制度的内涵

企业管理制度是有关约束和调整企业经营管理活动中各种特定经营管理行为方式与关系的行为准则，是管理行为者在管理实践过程中逐步形成并一致认可的约定俗成的习惯，也可以是将这种约定俗成正式规定下来的所形成的文字形式和规范、条例等。它将企业一些周而复始的行为以明确具体的程序和标准固化，使企业精神和理念通过制度的形式表现出来，对成员有一定的导向作用。同时管理制度规定了员工在企业中哪些可以做、好好做，哪些不能做、不该做，从而帮助企业达到控制要求。因此，管理制度的规范作用、引导作用和制约作用体现了企业管理的刚性要求，保障了相对稳定的企业发展。

目前的绝大多数中国企业经过资源竞争后进入了制度竞争时期，因此制定有效的管理制度是关系到企业未来是否能够持续稳定经营的重点，提升企业管理制度的有效性也就变成一件非常重要的事情。

（二）管理制度有效性的内涵

彼得·德鲁克指出应该从效益和效率两个角度来分析活动与行为的效果，因此，管理制度有效性可以从以下两个方面体现。

1. 管理制度的效益问题

管理制度主要用于企业日常事务管理，通过制度化管理来减少企业管理者的工作量，促使其能够更有效地配置现有资源进而实现企业目标。因此，制定管理制度的根本目的是实现企业战略目标，管理制度效益主要就看其对于组织目标的支持程度。

2. 管理制度的效率问题

好的管理制度应该具有高度执行力，在其执行过程中充分发挥制度化管理的稳定性与公平性，避免和减少人为的影响。同时，企业员工发自内心地认同制度并在活动中有意识遵守，并达到提高其工作效率的目的。

因此，有效的管理制度应该是体系完善且被高度认同的。这样的管理制度不仅使企业日常工作井然有序，而且能激发员工的工作热情和潜能，提高工作效率，高效地实现企业目标。

二、现代企业制度化管理现状及其成因

（一）现代企业制度化管理现状

为了成功应对激烈的市场竞争以及日趋复杂的外部经营环境，现代企业不断地提升企业制度化管理水平。企业制度化管理取得了较大的成绩，但依然存在着以下几个方面的问题。

1. 管理制度体系性不强，无法保障企业战略目标的实现

部分企业由于缺乏完善配套系统的制度体系，使企业运营缺乏规范，甚至出现"制度真空"，无法保证企业战略目标的实现。这造成这些企业权责关系混

乱，缺乏必要的规范机制和约束机制，员工在具体工作中无所适从，事事需要向管理者请示，工作积极性受到极大的影响。而管理者也因此将大量的时间花在与下属沟通和处理日常例行事务上，工作量大大地增加。

2. 管理制度执行力比较差

有的企业规章制度认同度低，执行起来打折扣，认真遵守的人少，未真正完全地达到制度的理想目标。部分企业"有法不依，违法不究"的现象大量存在，管理者在日常决策中随意性大，完全是"人情化管理"，公平性、稳定性无法得到保证。员工的权益无法得到合法的维护，工作积极性受到极大影响，无法集中精力做自己应该做的事情，大量工作时间放在搞好私人人际关系方面。

以上的这些情况导致企业中人际关系复杂，内部工作环境不佳，无论员工还是管理者的工作绩效都得不到保障，从而造成企业经营业绩不佳，无法实现企业战略目标。

（二）现代企业制度化管理成因分析

造成现代企业制度化管理现状的原因是多方面的，其主要原因有以下两个。

1. 管理制度体系设计不完善

有效的管理制度应是基于企业战略制定的制度体系，即无论从整个企业的纵向层级还是横向协作来考虑，都应有相关的制度来规范员工行为，而且能够满足系统要求。这要求现代企业在制定企业管理制度时应该是基于"从上到下"的模式，即从企业战略出发管理到企业日常事务，从企业决策者到管理者直至执行者的制度制定流程。

目前由于认识到管理制度对于企业经营的重要性，完全的"制度真空"和"制度缺位"现象较少。但绝大多数企业制定管理制度是为了解决例行事务，是为了满足企业例外事务向例行事务工作转变、减少管理者工作的需要，即采用的是一种"从下至上"的模式。这种模式往往只注重了例外事务向例行事务转化的要求，考虑了外部环境和迫切的内部要求，而忽视了整个企业战略对于制度的基本导向，即使管理制度的顺利实施也不能保证企业目标的实现。同时，由于各个主体在制定制度时仅仅考虑了自身功能要求，没有和其他功能和层次的制度形成体系，甚至会出现矛盾冲突的情况，为日后制度实施带来极大的不便。

2. 管理者的定位偏差

理想的人性化管理和制度化管理之间的关系在于管理者权威与制度权威的一致性或平等性。管理者的权威来源于其职位（来自组织、与领导者的地位对应的、赋予领导者奖励或处罚下属的权威）和管理者本身（由于知识技能突出或者性格出众造成员工对其的尊敬、景仰而形成的权威）。制度权威主要表现为对员工行为的规范、引导和制约作用。在既定的企业分权体制下，制度权威的大小主要与管理者的第一类权威的大小成反比。因此在制度化管理水平较高的企业中管理者一般应倾向于树立第二类权威，即通过管理者对其下属的工作的帮助和支持得以体现和形成。

而现实中，许多企业管理者职业化管理力量薄弱，无法指导或不愿意指导员工开展工作帮助其成功，这导致日常工作完全依赖于第一类权威，把自己的作用完全定义为对于员工的奖励和惩罚上面，通过重用或排挤某个员工来贯彻自己意志，甚至在制定管理制度时都会从维护自身权力出发，忽视员工的根本要求。这类管理者很难能够依据制度办事，会发生抵触制度，甚至破坏制度的不良行为。部分管理者甚至会通过有意识地违背管理制度来树立自己的权威，建立自己的人脉关系。

三、管理制度构建的要点

如何在企业中构建合理的管理制度，可以从以下几个方面入手。

（一）思想观念方面

企业管理者在思想观念上应有一个转变，真正认识到一个企业要取得成功，不但需要合理的"除弊"制度，更需要良好的"兴利"制度。认识到企业的管理制度不应只起"铁丝网"和"防火墙"作用，更应是员工工作积极性与创造力的"点火器"与"推进器"。真正确立"以人为本"的思想，信赖员工的智慧与创造性，努力使管理制度定位在为企业造就一种生机勃勃、不断创新的局面，促使企业步入良性循环的发展轨道上来。

（二）管理制度的内容方面

应当以企业目标的实现为制度建设的基本宗旨，消除那些不符合企业目标、为控制而控制的制度。研究制度时将注意力放在如何能使人的积极性和才能发挥并汇聚到为企业多创造财富、多创造有利局面上来。让制度起一种激励、凝聚的作用，引导企业的各种资源，特别是人力资源朝向企业目标的实现上来。在管理制度的结构方面，应当"除弊"与"兴利"制度并重，不可偏废与偏执，追求两者之间的合理平衡。

（三）管理制度的来源方面

在管理制度的来源方面，应集思广益，特别应注意倾听广大员工的意见，这样才易于制定出切实可行的、为广大员工接受的管理制度。一些好的、具有推广价值的管理经验应能及时地形成制度。管理制度作为一种无形的资产也可以从企业外部学习与引进，关键在于必须结合企业的实际。

管理对企业来说是一个永恒的话题，而作为管理行为的出发点和落脚点的管理制度，则是一个常抓常新且意义重大的具体管理问题，此问题应引起企业管理者的高度重视，慎重地对待它。

四、提升我国企业管理制度的对策 —— 学习型组织

美国学者彼得·圣吉在《第五项修炼》一书中提出"学习型组织"，指出这种组织在面临变化剧烈的外在环境时，能够力求精简、扁平化、弹性因应、终身学习、不断自我组织再造，以维持竞争力。从这方面考虑，构建学习型组织能够有效地提升企业管理制度的有效性。

（一）学习型组织实现管理者和员工的思维方式的转变

学习型组织的管理者被定位为服务者，通过塑造共同愿景、设计管理制度、

维护管理环境帮助员工成长，从而实现员工和企业的共同进步，管理者本人的工作绩效也完全由其下属的工作绩效决定。这种定位会导致管理者发生以下三种变化：注意力从第一类权威的维护转化成第二类权威的塑造；工作重点会从"奖励、惩罚、重用"等转化成"帮助、指导、激励"；对员工的判断从关系亲疏的主观看法转化为工作成绩好坏的客观标准。这三种变化都为制度化管理提供了实施基础。同时员工也会从注重和管理者之间的私人关系转化为对自身工作业绩的追求。这样一来，无论是从管理者还是员工的角度出发，为了提升自己工作绩效，势必会增加对有效的管理制度需求：管理者需要有效的管理制度来减少自己在日常事务中花费的时间，集中精力去帮助员工；员工需要有效的管理制度来指导自己的行为，减少花在向上级请示上面的时间。在这种大背景下，如果管理制度设计合理的话，管理者和员工会有意识地遵守管理制度，维护其权威性，保障管理制度的高度执行力。

（二）学习型组织提升了管理制度设计的科学性

首先，学习型组织的构建能够改善传统组织注意力放在眼前细枝末节的问题，通过系统思考将组织的注意力放在那些具有长远性、根本性和结构性的问题上，形成企业一贯的从系统出发、从整体出发的基本思考模式，形成了基于战略来设计管理制度的思想基础。其次，学习型组织增加了管理者对于有效管理制度的需求，并在管理者和员工之间就"有效的管理制度"达成了一致意见，而管理者是制定管理制度的主体，为了未来工作的顺利开展，必然在设计管理制度时综合考虑现实与未来、企业与员工等各方面的综合要求，这为科学设计管理制度提供了物质保障。因此，需要有效的管理制度来规范自己和他人的行为，从而确定明确的权责关系，这要求管理制度设计必须具备一定的系统性，以避免未来权责关系不明确。

（三）学习型组织高度适应力为企业制度变革创造了条件

学习型组织提出了"学习人"的人性假设，指出这种人能够不断超越，不断改变心智模式，积极参与学习，学习力的提升会让员工树立正确的创新意识。

首先，员工能够快速地感受到外界环境变化造成管理制度的不适应和老化，员工通过学习实现自我提升以后，会对企业以及自身提出更高的要求，这些都促使员工成为管理制度创新的倡导者。其次，学习型组织在个人学习的基础上提出了团体学习，把个人学习与组织战略结合起来，这使员工的创新需求既是基于自身提出的，本质上也是符合企业要求的。理论上认为学习型组织的建立有利于企业的组织变革，主要是因为当这种变革出自员工本身而不仅仅是企业的要求时，员工在变革过程中会表现出更加积极的参与性，极大地提高了企业管理制度成功创新的可能性。

第二节　现代企业管理制度的创新

一、现代企业管理制度创新的必要性

企业管理制度的内涵与作用决定了其在企业经营管理中的重要地位，但是企业的发展不是一成不变的，在当前经济形势下，国内外企业都争取实现企业的现代化发展。然而，在现代化的过程当中，企业管理制度存在不少的漏洞，进行企业管理制度的创新势在必行。

（一）应对国家经济体制改革和经济增长方式转变的需要

当前我国仍处于经济转型时期，国家经济体制与经济增长方式都在进行巨大变革。企业作为市场主体，面临两大变革时必须进行体制的调整。一方面，在市场机制下，企业的性质已经发生根本变化，原先计划经济体制下封闭、粗放、以生产为导向的企业管理模式已经不适应市场经济条件下现代企业的发展，因此需要进行管理制度的改革创新，建立以市场为导向的开放、集约型管理模式。另一方面，传统的粗放型经济增长方式使企业资源利用率低、经济效益低，我国目前新经济增长方式已由粗放型向集约型转变，这就要求企业必须集约利用资源，优化产品结构、提高经济效益，归根结底就是要进行企业管理制度的创新。

（二）现代企业管理制度的创新是为了在竞争中求发展

随着经济全球化的深入发展，国际国内市场逐渐融为一体，企业面对的市场竞争越发激烈，为了在竞争中谋求发展，企业必须研发新技术、扩展产品品种、提高产品竞争力、扩大产品销售，这就要求企业变革组织机构、重新划分职能部门、统一安排工作流程、完善管理模式等，而这些恰恰都是企业管理制度的基本内容。

（三）部分企业管理过程中的非科学化

企业的最终经营目的就是追求经济利润的最大化，然而片面的利润最大化目标会使企业在经营管理过程当中忽视其他方面的建设，在管理上严重非科学化，管理混乱。例如，企业内部管理权力界定不清、缺乏人员激励机制及决策机制、缺少优秀的企业管理人员等。现代企业只有变革以往非科学化的管理，才能保持企业的核心竞争力。

（四）实现企业现代化及与国际化接轨的迫切要求

传统企业管理实行的是旧体制集权式管理，严重阻碍了企业的发展，但无论是大中型企业还是小微型企业，都希望能在市场竞争中占得一席之地，实现企业的现代化发展。这需要严格根据市场需求，参照国际市场惯例，调整管理组织部门，在具体的机构设置上，要专门克服企业经营规模扩大造成的旧体制无法适应的问题，还要保证企业正常运行的协调与控制，增强企业活力，实现企业的经营目标。

二、企业管理制度思维观念

企业管理制度的思维观念由市场观念和生产力观念构成。

（一）市场观念

企业演变为市场竞争的主体，主要是在社会主义市场经济体制的发展中转化而来的。这不仅要求企业无论是从内部工作还是外部环境，都得转变，舍弃传统的理念，还要将企业内部工作与外部环境相互结合、相互统一，不断适应市场经济演变而来的新思维新空间，也就是要不断改革体制，正确认识和对待外部环境的市场观念。

（二）生产力观念

企业生产力发展了，才能促进社会生产力的发展。社会生产力发展了，国家经济实力才能增强，从而促进人民物质文化生活水平的提高。所以，发展生产力不仅是企业全部工作的重心，也是检验企业一切工作的根本标准。一个企业的实践经济活动的最终效果，还是要看一个企业的生产力水平的高低。而树立发展生产力的观念，是建立现代企业管理制度的基本要求。所以，企业生产力主要体现在企业生产的产品与经济效益两个方面。企业生产的产品，要针对人们消费的需要以及实物产生的质量是否符合现代化水平及其数量的增长状况，同时要符合生产力的需求。而对企业效益而言，效益额与效益率必须符合企业经济效益的指标。因为经济效益是企业生产力状况的价值表现。这就主要表现在投入与产出相比较的差异。

三、现代企业制度创新的内容

（一）企业产权制度创新

"先定产权，后定公司。"这种在产权明确界定情况下实行的公司制度多是西方国家运用的。我国则采取了相反的做法。在推动产权关系中，公司制度先行动了起来。这就要求在现阶段产权管理制度与创新上，公司制度要更突出，并以此为重。

（二）用人制度的创新

在企业管理中，让优秀的职业经理人管理相对应的企业已经开始逐步替代独裁式的管理模式。这主要是方便企业领导者有更多的时间来集中精力管理重点项目，从简单的、琐碎的日常管理事务中解脱出来。同时，这要求破除任人唯亲的人才选拔观念，坚持"能者上、平者让、庸者下"的用人原则，打破企业中各种亲属关系盘根错节的形式，制定新的人事分工与管理制度，并且遵照执行。如此才能吸引更多的各种人才，让优秀的人才脱颖而出，并在此基础上实行激励与淘汰机制。企业应当完善企业文化，为员工提供良好的学习条件，在良好的学习氛围中，不断鼓励员工进步、成长；采用文化管理的制度，重视文化氛围的塑造，并且取得人本管理的预期成效，使其在一切活动中不断受到各方面的支持与鼓励；将文化管理与以人为本的管理模式相结合，使其在企业可持续发展中得到充分的肯定。

（三）激励和分配制度创新

不断完善激励机制，对企业作出重大贡献的高级管理者和员工慷慨奖励，使其在所赋予的职位上更有成就感。如此才能让其通过自身的不懈努力取得相应的报酬，在工作中充分发挥积极性、创造性与主动性，强化其主人翁意识。在分配制度上，不断创新探索，对经营者实行高报酬的年薪制，让其在责任感上不断加强。如此才能促进企业的管理，各项经济指标才能很好地完成。

（四）以市场经济为导向以过程管理为基础

在企业管理制度中，目标管理是其重要内容。它主要是将时间与空间结合，在管理的过程中与过程的管理中，采用现代管理理念的实效观念与动态观念，不断地强调过程，并以此展开。同时，这种现代化管理制度是综合考虑了市场、技术、经济以及社会环境等各方面的因素，并以市场作为导向为基础而建立起来的。这就要彻底打破计划经济不以产定销的体系，实行以客户需求为中心，去开发产品，发展业务，以产定销。

四、现代企业管理制度创新的对策

（一）摆脱传统理念的束缚

通常情况下，企业员工对于公司战略性创新的认识具有一定片面性，很多时候大家会认为企业的创新是企业领导者的事情，毕竟企业的兴衰掌握在企业的领导者手里。因此企业的改革与创新需要由企业领导者负责，且需要一位具有创新理念的领导者实施企业管理的整体创新。

对于现今的企业，只有极少数的管理人员会对企业的创新发表意见。一个被传统理念束缚的企业管理阶层，无法看到执行的管理制度存在的缺陷，因此也就不会进行企业管理制度的创新。目前，部分企业的制度管理的创新过程在一定程度上过多地重视企业管理者的创新思维意识，而不够重视企业员工的意见，在牺牲企业员工创新意识的同时，限制了企业的战略性发展，对企业的改革创新也具有一定的阻碍作用。对于这种具有争议的问题，不应该强制性地在企业的环境中宣扬企业领导者的个人观点，而要努力寻求一种适合企业发展，且受到企业全体员工认可的创新理念。企业要想对管理制度进行创新，就需要调动全体企业员工的积极性，让企业领导者将创新的激情传递给企业员工，将创新企业管理制度的任务分配到企业员工，不应该一味地将企业的创新归结到企业的领导阶层。作为具有创新理念的企业管理者需要具有挑战传统管理理念，对于传统管理制度中与现状不符，可能会制约或阻碍企业发展的内容要进行质疑。首先要对这条规定的主要内容进行分析，看是否适合于现今企业的发展。其次要对这一规定不完善的地方进行完善与创新。随着旧事物的灭亡，新事物开始取代旧事物在人们观点中的位置，因此管理制度的创新显得意义重大。对依然被传统管理理念束缚的企业来说，企业员工不会质疑企业领导者的思想，但为了实现企业管理制度的创新，就必须敢于打破固有的思路，充分发挥企业员工的主观能动性，让员工真正地意识到企业的发展离不开所有员工的共同努力。

（二）培育企业创新的能力

企业创新的能力是企业进行管理制度创新的基础，有"颠覆性创新之父"之称的克莱顿·克里斯坦森的调查研究显示：真正影响企业创新的因素主要包括资源、流程以及价值三个部分。很多主张企业管理制度创新的人认为：创新的流程具有一定的可塑性。但企业的资源要比流程运用更加灵活。为了实现企业管理制度的创新，企业需要建立一个具有创新意义的价值观和组织流程，企业领导者就需要积极开展相应的培训，使企业员工具有应对创新的能力。对于这种创新工作，一般会有三种可能，具体阐述如下：①企业的领导者实施新的管理制度，建立一个新的流程；②从企业现今的管理制度中增添具有创新的规定与管理手段，重新构建具有一定创新性的价值观和组织流程；③对于外部组织的管理制度进行学习，将企业的流程与价值观做到和外部组织的高度匹配。换言之，即企业要想实现企业管理制度的创新，就需要构建一个具有独立性的、新型的平台或部门。这个平台或部门虽然在一定程度上依赖于企业的工作方式、现有业务、相应的规章制度、组织结构，但是在实质上它必须具有自己的独立性，具有帮助企业培育一定传承与创新的组织文化、经营模式等的能力。

构建新型平台，就要在企业大环境的变化下激发企业员工的潜在能力，同时考虑未满足的客户需求。当企业在创新的道路上迈进一步时，首先，要站在新型平台的角度观察与评定这种制度是否对企业的发展具有积极意义。其次，评定这种制度上的创新对于企业的业务、产品的发展是否具有促进作用。最后，对于这个管理制度创新是否会使企业在新市场中稳速发展进行判断。

面对市场的快速变化，不断创新企业的管理制度是帮助企业提高凝聚力与创新力的唯一途径。为了适应这种管理制度上的变化，企业员工应该具有适应创新的能力，对于新制定的标准要本着客观的态度去对待，对于新实施的管理方法要积极配合加以实践，对于有利于企业发展的管理制度上的创新要勇于宣扬，同时对企业发展没有太大意义的管理制度要敢于抛弃。

（三）致力于解决大的管理问题

"问题越是重大，创新的机会就越大"，这完全适用于企业管理制度的创新。例如，20世纪20年代，面对通用汽车公司出现的一系列问题，皮埃尔·杜邦在老总裁威廉·杜兰特的手里接管公司，他与助手小艾尔弗雷德·斯隆开始对在机能上严重失调的公司精兵简政。其主要的方法就是对企业的管理制度进行创新，设立了一个专门负责制定企业政策和控制企业财务支出的中央执行委员会，同时创立了主要负责日常运营的事业部。正是为了解决企业管理问题的这一创新性的手段，使通用汽车进入了一个高速发展的阶段。最终在这位具有创新意识的企业领导者的带领下，通用汽车战胜了竞争对手，一跃成为当时全世界最大的汽车制造企业。事业部制是现代企业常用的一种企业组织形式，它实际上就是将企业的所有员工根据从事工作的不同，划分成不同的部门，主要负责企业运行中的一个环节。除此之外，事业部是企业管理中的核心力量，具有一定的经营自主权，可以实施独立的核算，为企业创造出更多的活力。

在我国，不少企业都借鉴了通用汽车这一管理制度的创新。一些企业在实施管理制度的过程中，对于事业部进行了改良与创新。如某企业制定的准事业部制与事业部制的不同之处在于：准事业部制并不拥有独立的自主经营权。虽然无论是产品还是营销事业部都具有一定的经营指标，但是并没有自主的经营权，也就是说其产品的经营由其他的部门负责，如营销事业部。这样的企业管理制度的创新就是将原有的事业部自主进行核算变成了相对的独立，使事业部的灵活性和积极性都有了很大程度的提高。由此可见，要想对企业的管理制度进行创新，单纯地只依靠企业管理者推行具有创新的理念是不能完成的，仅仅是企业员工具有适应创新的能力也是不行的，真正的核心问题是要善于解决企业管理的大问题，在问题的解决过程中求发展，在企业的管理问题中找到企业管理制度的不足之处，从而进行改革和创新，促使企业的管理制度更加适合企业的发展，更加适应先进的市场经济体制。要想最大限度地创新企业的管理制度，首先需要一个合适的契机，当企业经营管理中出现可能会影响企业生存发展的问题时，企业的领导者应及时打破传统的管理理念，借鉴国内外真实的企业创新案例并结合自己企业的实际情况，走出一条适合本企业发展的创新之路。

总之，企业的管理制度的创新是实现企业有效管理的基础，是加强企业凝聚力的途径，是完善企业制度的前提，是提高企业竞争力的手段。对于企业管理制度的创新，我们要从必要性出发，对企业的各个阶层和各个方面进行系统的考量，最终实现企业管理制度的创新。

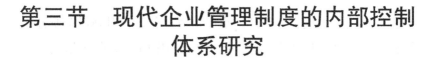

第三节　现代企业管理制度的内部控制
体系研究

一、建立健全内部控制制度在现代企业管理中的作用

（一）法律法规的必然要求

建立健全内部控制制度对于及时发现和纠正企事业单位的各种错误、营私舞弊现象及违法行为，确保法律法规履行具有特殊的作用。在新旧体制转轨阶段，企业经营中低效率以及人为的损失、浪费现象较为普遍，无章可循、有章不循、弄虚作假、违规操作等不正当行为时有发生。《中华人民共和国会计法》以及财政部等部门所颁布的《企业内部控制基本规范》中都明确要求单位必须建立健全内部控制制度，加强内部监督，以保证会计信息的真实性和合法性。

（二）保证会计信息的真实性和准确性

健全的内部控制，可以保证会计信息的采集、归类、记录和汇总全过程真实地反映企业生产经营活动的实际情况，并及时发现和纠正各种错弊，从而保证会计信息的真实性和准确性。

（三）有效地防范企业经营风险

在企业的生产经营活动中，企业要达到生存发展的目标，就必须对各类风险进行有效的预防和控制。内部控制作为企业管理的中枢环节，是防范企业风险最为行之有效的一种手段。它通过对企业风险进行有效评估，不断地加强对企业经营风险薄弱环节的控制，把企业的各种风险消灭在萌芽状态，是企业风险防范的一种有效方法。

（四）提高企业经济效益的客观需要

内部控制制度是现代企业管理的重要组成部分，它对确保企业各项工作的正常进行和经营管理水平的提高有着十分重要的作用。要使企业产权关系明晰、保证权责明确，实现科学管理，就必须建立和完善相应的财产物资的核算、监督、保管等内部管理制度，明确资本保值增值的目标与责任，处理好受托经济责任和利益的分配关系。所谓科学管理，就是要建立和完善包括科学的领导制度与组织管理制度在内的内部管理制度，其中也必然包括科学的内部控制制度。通过加强财务、成本、资金等管理，对企业的经营活动进行科学的管理，以确保企业生产经营活动能够协调、有序、高效运行。可见，建立科学、合理的内部控制制度是建立我国现代企业制度、提高企业经济效率的客观需要。更为重要的是，内部控制制度能够协调所有者和经营者之间的利益冲突，使双方建立起相互信任的关系，从而保证现代企业制度的顺利实施。

（五）维护财产和资源的安全与完整

建立健全完善的内部控制制度能够科学有效地监督和制约财产物资的采购、计量、验收等各个环节，从而确保财产物资的安全与完整，并能有效地纠正各种损失浪费现象的发生。

二、企业建立健全内部控制制度的必要性

（一）保证和提高会计信息质量

正确、可靠的会计信息是企业管理者了解过去、掌握现在、预测未来、制定决策的必要条件。在内部控制制度下，通过制定和执行业务处理程序，对其进行科学的职责分工，在相互牵制的条件下产生会计信息，从而有效地防止错误和弊端的发生，保证和提高会计信息质量。

（二）保证企业高效率经营

在企业的日常工作中，如果能很好地加强内部控制，合理地对企业内部各个部门和人员进行分工控制，注重职责分明和人员素质教育，以内部控制加强对

人的行为的约束，以人的主动和被动思想加强对工作认识的促进，形成一种惯性，则能明显提高企业经营管理的效率，迅速提升企业外在形象。

（三）保护财产物资的安全完整

健全、完善的内部控制制度能够科学有效地监督和制约财产物资的各个环节，采取各种控制手段，确保财产物资的安全完整，避免和纠正浪费等不良现象。

三、企业内部控制制度建设存在的问题

（一）思想观念存在问题

现阶段，我国部分企业中的部分管理人员还没有认识到内部控制制度的建立对于企业发展的积极作用，一些企业领导者还不能接受以风险管理为核心的企业内部控制系统，很多企业的管理人员对于内部控制制度的含义无法准确理解，或者不能正确把握内部控制制度的主要内容，因而尚未建立起一套完整的系统内部控制操作流程，企业管理工作透明度较低，在很多时候都是由企业领导者直接进行决策，内控制度无法得到落实。

（二）内部控制体系缺失

从企业内部环境的控制方面而言，许多企业忽略了内控制度负责机构的设置。由于内部控制各项规章制度还不是非常完善，有一些企业虽然逐渐开始建立内控系统，但是从执行的情况上来看依旧不是非常理想，这些内部控制体系大多流于形式。从风险控制的层面而言，企业必须对自己所进行的各项生产经营业务进行深入的分析，同时结合自身经营管理的实际情况来制定应对策略，这是现代企业内部控制制度中的重要一环，但现阶段我国很多企业领导者都不具有风险意识，无法充分认识到企业所面临的各种风险，常常给企业带来不必要的损失。

（三）内控制度执行不力

部分企业管理人员由于受到传统的企业管理观念的影响，他们对于企业内部控制制度的看法存在偏见，认为其可有可无，甚至有些企业管理者觉得建立了

内部控制制度也无法确保其能够得到落实，因此内部控制制度在很多企业中成了仅仅写在纸上的规定，并不能切实落实到企业的管理过程中。比如，授权审批程序杂乱无章、制度决策由领导主管决定、企业文化建设不到位、企业的社会责任感不强等，这些问题都在很大程度上让企业面临巨大的风险。

（四）内部控制监督不到位

就企业的内部控制监督方面而言，很多企业尚未建立一套全面、系统的内部控制监督体系，尚未建立起科学的评估机制，内部控制制度的日常监督功能也无法得到落实，这就导致了企业内部控制制度的问题无法及时解决，长此以往势必会在一定程度上对企业的正常经营管理产生影响。另外，有一些企业虽然有独立的内部控制监督部门，但是其工作范围仅仅是对企业财务进行控制监督，对于企业的日常管理工作的控制监督还存在较大的漏洞。

四、现代企业内部控制制度建设途径分析

（一）积极更新思想观念

企业管理人员必须充分认识到内部控制制度的建立对于企业发展所起到的积极作用，应该积极创造一个良好的内部管理环境。企业在内部控制制度建设过程中，无论是领导还是基层职工都必须积极更新思想观念，树立在内部控制制度监督管理下进行各项生产经营活动的意识，把非可控性因素降到最低。此外，企业还应该对自身的经营管理理念有充分的理解，特别是企业管理人员，必须摒弃落后的管理理念，认识到企业内部管理活动和生产经营效益之间的内在联系，把内部控制制度的建设作为企业战略规划的一部分。

（二）逐渐完善内控制度

在国家相关政策法规规定的范围之内，企业必须结合自身生产经营的实际情况，按照《企业内部控制基本规范》和《企业内部控制应用指引》这两项内部控制制度的基本法规，遵循全面性、均衡性、重要性的原则，建立和完善一套与

自身企业发展情况相适应的内部控制制度。在设计内部控制制度时，应该对企业的内部环境以及外部条件进行深入的分析和讨论，在企业建立内部控制制度的过程中，应该把握好不同控制阶段和组织体系的连续性，将不同控制阶段的作用尽可能全面地发挥出来，使内部控制制度能够对企业的各项生产经营活动进行有效的监督和管理，以便于第一时间发现不利于企业发展的危险因素；通过对企业不同业务活动环节的评估工作，准确地找到风险点并加以控制，促进企业的健康稳定发展。

（三）建立评价监督机制

企业应该清楚地认识到在建立内部控制制度时首先达到的目标是什么，结合企业的实际情况，因地制宜，有重点、有选择地建立和规划内部控制制度，从而确保企业内控制度能够与自身的长期战略发展目标相一致。其次，企业在建立和完善内部控制制度的评价监督体系时，应该根据合法性、全面性和有效性的基本原则，尽可能把不相关的职务分开，从而确保各个岗位都有专人负责。最后，企业在规划内控制度内容的过程中，应该优先考虑企业生产经营活动中的薄弱环节，同时按照企业的业务流程，有计划地对相关的风险点进行控制，逐渐建立起全面系统的内部控制体系，从而使企业会计部门和其他部门相对独立，还要保证企业内部各个部门之间可以有效地沟通，在确保企业会计信息准确性的同时保证企业内部协调发展。

（四）宏观微观双管齐下

现代企业必须建立融宏观的总体控制和微观的细节控制为一体的内部控制制度体系。每一个企业都应该建立这样一个与自身发展需求相适应的企业内部监督管理体制，同时要注意，这些内部监督管理体制有效实施的基础必须是能够与企业的实际需求相适应。有些企业虽然迫于形势进行了 ISO 9001 质量管理体系认证，但没有持续改进，管理不到位而流于形式。企业管理也要与时俱进，使内部控制制度得到真正的落实，否则一切都是空谈。因此，企业内部控制制度建设仅靠行政命令是不行的，要以人为本，深入人心，把它作为一项长期性的工作来抓，这样才能保证内部控制制度得以不断完善。

五、建立符合现代企业管理制度的内部控制体系

（一）强化法人治理结构，建立符合现代企业制度的内部控制环境

法人治理结构是企业的核心问题，而企业法人治理结构的核心是通过配置企业的权力，建立有效的监督和激励机制，以保护企业股东的权益，实现公司利益最大化。建立股东（大）会、董事会、监事（会）和经理层的决策、执行和监督的机制，从根本上处理好投资者、管理层和监督者的关系，处理好制度与人的关系。股东（大）会是企业的最高决策机构，按照国家相关法律法规、行业和地方相关法规和企业章程规定，对企业章程规定的重大事项必须提交股东（大）会讨论；董事会执行股东（大）会的决议并在企业章程规定的权限下进行管理活动；监事（会）对董事会和企业管理者的管理活动进行监督，发挥战略委员会、审计委员会、薪酬提名委员会等专业委员会对董事会的支撑作用；建立企业"董监高"和独立董事的职责权限、任职资格、议事规则和工作程序，并按照规范要求定期组织相关会议，保持好相关记录并按照信息披露的要求进行披露。企业的重大决策、重大事项、重要人事任免及大额资金支付业务等，应当按照规定的权限和程序实行集体决策审批或者联签制度，任何个人不得单独进行决策或者擅自改变集体决策意见。

（二）制定企业的中长期和短期战略目标并对目标进行分解

企业战略管理是企业管理科学中的一个重要范畴，它能够给企业的发展指明方向，促使企业朝着正确的方向迈步，保证企业的可持续发展。为了保证战略目标的实现，企业要加强战略管理，做好从战略分析、规划、实施到决策变为现实的战略过程，对国家宏观政策、行业进行研究，对市场和竞争对手进行必要调查，对存在的机会和风险进行识别，发挥自己的优势，做和自己能力资源相匹配的业务，设计好的商业盈利模式。企业应该对自己的中长期战略和短期战略进行研究，并提出相应的目标和实施路线图，并把战略目标分解到相应的组织和人，落实资源和计划，对关键目标和节点进行重要控制，并根据执行情况进行必要的调整，在企业经营管理中进行动态的战略管理。一般企业都缺乏战略管理人才和

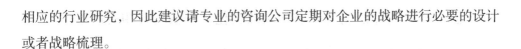

相应的行业研究，因此建议请专业的咨询公司定期对企业的战略进行必要的设计或者战略梳理。

（三）在战略框架下设计企业的组织架构

为了促进企业实现发展战略，优化管理体制和运行机制，按照组织设计原则和内部控制规范要求对现有组织进行设计和梳理，明确各部门的职责，区分核心职责和辅助职责，并对核心职责对应的业务进行必要的设计，明确各部门的管理界限和接口。面对重大组织调整，最好进行必要的试运行或者设计过渡组织结构，并对组织运行过程和结果进行分析并做必要的调整，在组织正式运行后一般要保持组织的相对稳定。

很多企业在经过多年发展后，由单体公司向集团化迈进，企业的组织也要进行相应的变革。按照集团化管理的要求，要明确集团和子公司的定位和职责要求，整合资源，对子公司管控进行必要设计，尤其关注子公司的投资管控制度，通过合法、有效的形式履行出资人职责、维护出资人权益，重点关注子公司特别是异地、境外子公司的发展战略、年度财务预决算、重大投融资、重大担保、大额资金使用、主要资产处置、重要人事任免等重要事项，并建立相应的管理制度。

（四）建立战略指导下的薪酬和绩效考核等人力资源制度

人力资源管理是一门科学，它具有价值有效性、稀缺性和难以模仿性，是企业构建竞争优势的核心资源。企业在激烈的市场竞争中，以人力资源作为核心构建自己的竞争优势，是企业管理的基础，企业高层必须重视。

内部控制下的人力资源管理内容分为人力资源的引进与开发、人力资源的使用与退出两部分内容。在企业管理实践中，企业要按照组织和管理职责的分配，进行必要的岗位分析，对岗位职责进行设计，编写岗位说明书；对岗位的工作任务进行分析，进行定岗定编；对岗位进行分析评价，建立具有激励性的薪酬制度和绩效考核办法；把战略目标、年度目标和经营计划关联，把企业目标和管理活动结合起来，并逐层分解；在建立绩效考核制度的同时加强对员工的培训、职业生涯规划和长效激励机制的建设，保证企业的战略目标实现，同时兼顾员工的利益，让员工也分享企业发展带来的实惠。

（五）按照内部控制要求建立企业文化和社会责任相关制度

作为社会中的一员，企业应履行社会责任，实现企业与社会的协调发展。内部控制要求企业的社会责任主要包括安全生产、产品质量、环境保护、资源节约、促进就业、员工权益保护等，要求企业做到经济效益与社会效益、短期利益与长远利益、自身发展与社会发展相互协调，实现企业与员工、企业与社会、企业与环境的健康和谐发展。企业文化是企业在社会主义市场经济的实践中，逐步形成的为全体员工所认同、遵守的带有本企业特色的价值观念、经营准则、经营作风、企业精神、道德规范、发展目标的总和。内部控制要求企业进行文化建设并对文化建设进行评估，董事、监事、经理和其他高级管理人员应当在企业文化建设中发挥主导和示范作用，以自身的优秀品格和脚踏实地的工作作风带动影响整个团队，共同营造积极向上的企业文化环境。

（六）对企业的核心业务进行梳理和设计

企业要按照《企业内部控制应用指引》要求，对企业的资金、采购、资产、销售、研发、工程项目、全面预算、合同管理等重要管理要素进行业务流程的梳理与设计。对符合企业业务发展要求的业务流程进行描述以实现规范化；对不符合内部控制流程要求的业务流程进行优化；对不适应企业未来变革与发展的业务流程进行再造；从业务流程识别关键流程，从关键流程识别关键作业，从关键作业识别关键管理活动，从管理活动识别内部控制风险，并对风险通过多维度按照重大风险、重要风险和一般风险进行评价，建立风险控制矩阵，将评价指标比较高的风险纳入企业层面风险数据库。企业高层在管理实践中要重视并采取不同的应对措施：对企业不能承受的风险要建立风险管理方案并落实资源进行改善；建立企业高层、中层和基层全员参与的内部控制体系，在业务过程和日常管理活动中对控制活动进行记录与归档；建立事前、事中和事后交叉控制的网状控制，对风险比较大的事项，加强控制；对风险比较小或者一般的事项减少控制以提高管理效率；对风险适中的业务活动可以加强事后审计控制，在兼顾风险的同时提高管理效率。

内部控制是一个综合性的控制，往往是几个控制措施的综合应用，其中，不相容职务分离控制、授权审批控制、会计系统控制、财产保护控制、预算控制、营运分析控制、绩效考评控制是常见的七种内部控制措施。根据内部控制实践经验，除强调事前不相容职责控制、授权审批控制外，还要强调作为内部控制事后控制的内部审计控制，即通过风险评价后对组织和业务进行内部审计控制，有利于提升管理效率，特别是针对改制来的上市公司，要强化审计部门的力量，对风险大的单位和业务加强内部审计。

　　总之，现代企业建立和完善内部控制制度，不但能够确保企业的财产安全、提高企业的生产经营效率，对企业战略目标的顺利实现也具有非常重要的作用。我国企业都应该从自身发展实际出发，积极建立健全与自身经营发展状态相符合的内部控制制度。作为企业管理人员，必须积极更新思想观念，认识到内部控制制度在企业经营管理过程中发挥的作用，将内部控制制度的建立和完善纳入企业长期发展规划之中，从而为企业长远发展打下坚实的基础。

参考文献

[1] 田占广，冷思平，王明雪. 现代企业管理与创新 [M]. 南昌：江西科学技术出版社，2020.

[2] 钱玉竺. 现代企业人力资源管理理论与创新发展研究 [M]. 广州：广东人民出版社，2022.

[3] 王剑华. 企业管理创新与内部控制 [M]. 长春：吉林科学技术出版社，2022.

[4] 张立恒. 创新视角下的企业管理与运营 [M]. 长春：吉林出版集团股份有限公司，2022.

[5] 郭懿. 现代企业管理实务 [M]. 天津：天津大学出版社，2019.

[6] 康芳，马婧，易善秋. 现代管理创新与企业经济发展 [M]. 长春：吉林出版集团股份有限公司，2020.

[7] 杨帆. 现代企业管理与创新模式研究 [M]. 北京：北京工业大学出版社，2021.

[8] 孙贵丽. 现代企业发展与经济管理创新策略 [M]. 长春：吉林科学技术出版社，2022.

[9] 郭玉芬. 现代经济管理基础研究 [M]. 北京：线装书局，2022.

[10] 寇改红，于新茹. 现代企业财务管理与创新发展研究 [M]. 长春：吉林人民出版社，2022.

[11] 刘永龙. 企业经营管理概论 [M]. 长春：吉林科学技术出版社，2021.

[12] 李雪. 现代企业管理创新与实践探究 [M]. 长春：吉林人民出版社，2019.

[13] 胡娜. 现代企业财务管理与金融创新研究 [M]. 长春：吉林人民出版社，2020.

[14] 黎兆跂. 现代企业经济管理与财务会计创新 [M]. 延吉：延边大学出版社，2023.

[15] 温晶媛，李娟，周苑. 人力资源管理及企业创新研究 [M]. 长春：吉林人民出版社，2020.

[16] 刘晓敬. 现代企业战略管理及其创新探究 [M]. 长春：吉林大学出版社，2019.

[17] 吕梦. 科技的进步与创新对现代企业管理的影响研究 [M]. 长春：吉林大学出版社，2022.

[18] 贺怡. 现代企业管理创新与实践 [M]. 北京：中国纺织出版社，2022.

[19] 黄顺春. 现代企业管理教程 [M]. 上海：上海财经大学出版社，2019.

[20] 曹登科. 现代企业经济管理创新策略 [M]. 长春：吉林教育出版社，2020.

[21] 张大龙. 现代企业战略管理及其创新研究 [M]. 北京：中国农业出版社，2022.

[22] 王雅姝. 大数据背景下的企业管理创新与实践 [M]. 北京：九州出版社，2019.

[23] 郭艳蕊，李果. 现代财务会计与企业管理 [M]. 天津：天津科学技术出版社，2020.

[24] 李菲，白雅，王贺敏. 企业运营与财务管理研究 [M]. 沈阳：东北大学出版社，2022.